政治の急所

飯島 勲

文春新書

928

まえがき

小泉純一郎の秘書になったのが一九七二年だから、私がこの世界に入って、早いもので四十年以上が過ぎたことになるね。その間、自民党の絶頂期も野党の冷や飯食いも味わった。小泉政権の首相秘書官として、いまは安倍政権の内閣参与として、首相官邸の中から国家の中枢に触れる機会も得た。

本書では、そんな経験を踏まえて、マスコミも評論家諸氏も論じない政治の要諦、ズバリいえば「急所」を可能な限り披瀝したと自負している。

長年の永田町暮らしでひときわ感慨深いのは、小泉政権時代、閣僚、官邸スタッフ、党スタッフが、「チーム小泉」「チーム飯島」として、一丸となって政権を支えたことだよ。それが、五年五カ月もの長期政権につながったわけさ。

翻って、三年三カ月で終わった民主党政権はどうだったか。「チーム鳩山」「チーム菅」などと言われるような、結束の固い内閣があっただろうか？　首相の取り巻きは、ときには悪役になってでも、政権に尽くす覚悟が求められる。なのに、「手柄は総理に」という意識を忘れ、閣僚も党幹部も党内の権力抗争にご執心では、政権は弱体化するに決まってるさ。

その点、第二次安倍政権は、菅義偉官房長官以下、パフォーマンスに走る閣僚もなく、盤石な体制を築いているといえるな。内閣参与としてそばで見ていても、安倍政権が長く続くことが、国民のためになると実感させられるよ。

しかし、どんな政権にも、懸念材料はあるもの。心配な点については、身内として批判ではなく、前向きな意見を直言させていただいた。

第一章の「永田町の急所」、第二章の「外交の急所」は大半が書き下ろしで、一部に「週刊文春」の連載「飯島勲の激辛インテリジェンス」（二〇一三年十月三日号〜十二月十九日号）をくわえている。第三章の「民主党政権失敗の研究」は、同連載（二〇一二年六月十四日号〜十二月二十七日号）に加筆・修正したものである。終章の「政治のリーダーシップとは」は、私が四十年の永田町生活で培った政治観をまとめたものだ。

本書が多くの方々にとって、政治を考察する一助となれば嬉しいね。

内閣参与（特命担当）　飯島勲

平成二十五年十二月

政治の急所◎目次

第二章　外交の急所――日中・日韓関係、拉致問題、領土問題

第三章 民主党政権失敗の研究

第一章

永田町の急所——内閣、経済政策から東京五輪まで

特命担当内閣参与とは？

まず、私が安倍晋三首相から拝命した、内閣参与ってのは何なんだっていう話からだけど、これは時の首相から「これを頼む」と指示された事柄についてのみ調査研究し、首相からの問いかけに答えるのが仕事だよ。現在十一名の参与はそれぞれ経済・金融、外交、あるいはスポーツなどを担当しているけど、私の場合は「特命担当」っていうちょっと不思議な肩書きでね。読者の皆さんからすれば、「こりゃ一体何なんだ」という話になるだろうな。

私が安倍首相からたっての頼みだと参与職を要請されたのは、全く大雑把な話なんだけどね。「特命」とは、つまるところは内閣支持率を高く維持して長期政権を実現することさ。内政、外交を問わず時々の懸案事項について、政権の先々を見越して何らかの支障がありそうな場合に先回りして対策を講じることだね。

国政選挙があれば絶対に勝たなきゃいけないから、焦点となる選挙区の候補者をどう選ぶか。あるいは選挙区情勢をどう読むかっていう地を這うような職務もあるしさ。

はたまた政治家が口では解決すると言っても誰も手が出せない北朝鮮の日本人拉致問題とか、国際政治の問題だってどこからどう動くかわからないわけだから、そういう方面にも常に目を光らせているんだよな。

日本の外交の窓口はもちろん外務省で、官邸にも谷内《やち》正太郎国家安全保障局長もいるわけだけど、そういう外交官の外交とは全く違う、政治的な外交ってものがあるんだよ。なかなかうまく行っていない日本と中国の関係にしても、外交官がやるのは、ただ問題点を精査して行くだけでしょ。それをボトムアップで、事務レベルの交渉を積み上げて首脳会談にまでつなげて行く手法だよね。

政治的な外交はそうではなくて、まずどういう状態で首脳会談をするかというトップダウンの発想が先に立つ。すると、この私にも通常ルートとは違う、いろんなチャンネルがあるわけでね。その中で、私にできることがあれば、首相にとっての判断材料をいろんなルートから森羅万象的に提供して行くことになる。

それから、内閣総理大臣の辞書には「不可能」っていう言葉がないんだな。どこに行きたい、何をしたいというと、何でもできちゃう権力がある。でも、少なくとも私の場合、これだけはしてもらいたくない、やるべきではないと思った時は、首相のブレーキ役を務めなくてはいけないかなと自覚している。べつにそんなことを安倍さんに頼まれたわけじゃないけど、自己判断としてそれをしたいんだ。

首相秘書官や首相補佐官、もちろん各閣僚など首相の周囲には大勢の政治家やスタッフがいるけど、いざ首相にドーンとブレーキをかけるとなると、意外とできないんだよね。「やらねば」と思っても、首相の前に出るとつい言えなくなるもの。

私の場合は平気だから。安倍首相とざっくばらんに語りあい、意見具申したい。そういう役割もあろうかなと考えて、はや一年たったというわけだよ。

だから「特命担当の内閣参与」というのは、およそ広大無辺な役回りだよね。森羅万象、これという限定したものがないんだな。

読者諸君におかれては、何だかわかったようなわかんねえような話だと感じるかもしれないけれど、ま、そういうふうに理解しておいてもらうしかないんじゃないかと思うぜ。

経済政策の二本柱

安倍内閣は大変いい時期にできたと思うね。たとえば伊勢神宮の遷宮は二十年に一回だけれど、過去の例を見て行くと、だいたい六十年ごとに参拝者が極端に増える。昨年（二〇一三年）がちょうどその年に当たったわけさ。

遷宮というのは私に言わせれば地域の公共事業みたいなもんだが、更に全国的に見に行きたいという心理は六十年に一回盛り上がるんだ。昨年は六十年に一回の出雲大社の遷宮も重なって最高の人出になったからさ。

私は一九四五年生まれだけど、一九五〇年からの経済を見てくると、景気はおよそ十年くらいマイナス、四十年くらいプラス指向になる。今は十年前から徐々にプラス指向に上がって来たところで、向こう三十年間右肩上がりが期待できる環境の中で、安倍内閣が成立したことになるわけだ。

その状況で、アベノミクスを事実上唱道したと言えば、エール大学名誉教授の浜田宏一内閣参与だよ。この人は、多くの経済学者から相手にされない一匹狼の学者だったんだよな。

日本のデフレ経済は世界のどの政治家も経験したことのない事態だ。その中でデフレ脱却を旗印にして総理総裁になった安倍さんが、一般に相手にされない浜田教授の政策を採用したということさ。

だから、今も同志社大学の浜矩子教授らがアベノミクスを批判しているけど、そんなのは無視して構わないのよ。浜田教授を相手にしなかった学者はデフレ経済から脱却できない思考回路の持ち主だった、と安倍内閣で判定せざるを得ないということよ。

アベノミクスは、いままで議論の対象になっていない学者の考えを時の政権が拾ったから、世界的にインパクトが強いんでね。昨年のG8サミットでも安倍流の経済対策が宣言文に相当盛り込まれた。これは誰も経験のない試みだから批判しようがない、期待せざるを得ないということになるんだよね。

時の政権の経済政策で肝腎なのは、ニュース番組の最後にいつも報じられる円・ドルの為替相場と日経平均株価さ。世界中どこでも為替と株をどう守るかが時の政権の仕事なんだけど、日本の場合はもう一つ、不動産の価値を守ることがあるのを忘れちゃいけないぜ。

なぜかというと、これは政治家はなかなか口にしないけど、全国の市町村の税収の約四

○パーセントは実は固定資産税なんだよな。不動産価格が下がれば、おのずと固定資産税の課税の基礎になる評価額が下がる、市町村の税収がへこむ。

野田内閣の場合、全国で集計すると対前年比で約八千億円の税収減だった。これを国が全部補塡してくれったってどだい無理だよ。だから時の政権は為替相場を守り、株価を守り、不動産価格を守らなければならないのさ。

内閣支持率の世論調査があるけれど、それを基に経済を見ることは誰であってもできるのよ。内閣支持率が高いときは一般的に株価も上がっていると言って差し支えないね。

たとえば小泉内閣の五年五カ月間の株価は日経平均で四○パーセント近く上がっている。第一次安倍内閣ではプラス四パーセント。福田内閣でマイナス三三パーセント、麻生内閣でマイナス二四パーセントと続き、野田内閣までずっと支持率も株価も悪かった。

その間、国民の総資産は数十パーセント減ってしまったよね。野田内閣の最後に株価が突然、一七・五パーセント上がったけど、これは野田政権の政策によるものじゃなく、当時の野党・自民党で総裁選が行われ、安倍新総裁がインフレターゲットに言及したからアップしたわけさ。

つまり、小泉内閣の後、内閣はいろいろ代ったけれども、第一次安倍内閣と第二次安倍内閣だけが株価はプラスだったという現実がある。そこへアベノミクスが出て来たので、私は日経平均一万三千円くらいは行くなと思ったけど、勢いがついて一万五千円まで行ってしまったわけだね。

これは国民がアベノミクスの内容をよく見て支持してくれたのではなくて、なんだかわからないけど安倍総理はやってくれそうだという「期待」なんだな、ズバリ言うとさ。

ただ、安倍内閣にとって一番の問題点は、為替の動向だよ。昨年の秋口にアメリカ議会共和党とオバマ大統領の対立の影響で、円相場が一ドル＝九十六円より円高にふれると危ないと思っていた。しかし、その後は百円を越えるところまで円安に戻したから、私は個人的にほっとしたね、実のところ。

贈与税と相続税の税率を逆に

小泉内閣のときは、不動産価格を守るために小泉改革特区というのを作った。たとえば東京・六本木の防衛庁の跡地。三井不動産とか、全共連などが数百億円を投資した。ところが冷静に見てみると、容積率の問題で投資に見合うものが建てられない。そこで小泉特区の指定をして関係法律の網を外し、容積率を三倍くらいに増やした。それで投資がペイできるミッドタウンができた。

あるいは大阪府の摂津。駅前にニュータウンを作ろうとしたら、駅とニュータウン地区の間に川があって、河川法の規定で蓋をかぶせることができない。橋を渡らなければいけないのでは人の往来に不便だと困っていた。

そこを小泉特区の指定をして蓋をかぶせられるようにしたら、公園になってすごく発展したわけさ。いま国家戦略特区、いわゆるアベノミクス特区というのを作っているけど、これは小泉特区の焼き直しだぜ。

アベノミクスは誰も経験したことのないものだから、イメージとしてはプラスでいいけど、一歩間違えると頓挫しかねないからね。そこで成長戦略が必要なんだが、かつての繊維、家電、自動車というような、一つの産業が日本全体を引っ張って行くというようなものはもはやありえないんだな。産業が多岐にわたっていて、どこに集中すべきか、答えが出ないから。

産業構造が変わって来て、小泉内閣の前くらいから企業買収の動きが出て来たよね。

かつては日本企業の経営形態は世界とは違っていて、労働分配率重視の経営だった。経営者が報酬をうんと取るのではなくて、社員を食わせることを第一にしていた。

それが、海外に合わせて株主利益優先主義の経営に徐々に変わってきた。そこで企業買収が増える。すると賃金が上がる前に株主や経営者が利益を取って、残りを社員にまわす形になる。

この二つの経営形態がいまの日本にはあるってことだよ。

私はともかく、高い内閣支持率を持続させるのが取り巻きとしての仕事と自負しているから。何であろうと株価が上がれば、その企業の社員の給料がアップする。物価が上がってから給料が上がるまでだいたい一年くらいのタイムラグがあるのは事実。それでも賃金が上がれば、次には雇用が増加する。そうすると世の中幸せということになり、内閣支持率も維持できるって寸法さ。

その状況で、安倍内閣でドラスチックな改革を実行してうまく行ったという実績はまだ、なかなかないんだよな。

小泉内閣のときは医療保険改革で診療報酬をとことん削った。こりゃ辛い決断だったぜ。それでも内閣支持率が高かったから医療関係者が怒っても乗り越えられたわけだ。

民主党政権は財源も考えずに診療報酬を増やしたので、医療関係者に限っては民主党支持率は凄く上がったんだけど、長い目で見て国民の利益になったかどうかは疑問だね。

今後、安倍内閣では消費税率の引き上げに伴い、診療報酬もその分は上昇傾向だけど、歳出抑制や厳しい構造改革の姿勢が問われていくんじゃないかな。

私はドラスチックな政策として、たとえば贈与税と相続税の税率を逆にしろと言いたい。相続税が国庫に入るのは十年先、二十年先でしょ。財産を持っている人が死んでから入るんだから。それを、生前贈与がしやすいように税率を変えるのさ。

今は相続税だと三億円を超えると五〇パーセントの税金になるが、贈与税だと一千万円を超えると五割くらい取られてしまう。だから死ぬまで財産を手放さないことになる。ポーンと贈与税率を下げれば、本人が生きているうちに女房、子供、孫にお金が渡って、それが市場に流れて行くことになる。カネは天下の回り物なんだからさ。

安倍首相は所信表明演説で観光立国を宣言したんだから、空港の着陸料なんかも思い切って下げるといいんじゃないかな。

ボーイング747だとシンガポールと韓国の駐機料は二十万円から二十二万円。日本の場合、関空、羽田、成田で見ると、五十数万円から九十万円を超える。だったら二十万円に下げればいいんだよ。そうすると二兆円の赤字になるけど、それは国が補填すればいい。

そうすれば日本の空港がアジアのハブになる。そういうことをするのが政治じゃないのかな。

あるいは、六年後の東京夏季オリンピックが景気対策になるとしたら、カギはリニアモーターカーだな。私の出身が長野県の伊那のほうだからというわけじゃないけど、日本の今の土木技術なら、どーんとあそこの山麓にトンネルを掘れるんだから、実験線を延長して、仮駅を作って仮営業させる。

オリンピックを見に来た世界の要人、観光客を乗せれば、最高にいい宣伝になるよ。こういう「おっ」と刮目するような政策をいたるところで出して欲しいと思うね。

地味なことで言えば、たとえば北海道では観光ツアーが非常に盛んで対応できないくらいになっているだろ。といっても、ホテルなどのキャパシティの問題はあるんだけど、最大の欠点はツアーバスだよ。免許事業だから、臨時にうんと増やすことができない。この緩和措置をすれば需要に応えられるわけだ。

アベノミクスといっても具体的に成長産業が出てこないなら、いろんな面で個々にやればいいじゃん。政権側は考えなくても、民間企業のほうで考えてくれる可能性があるしね。アベノミクスに便乗する経済効果も出て来るということさ。

「安倍政権」第一次と第二次はどこが違うか

第一次安倍内閣は、安倍首相への支持で誕生したわけじゃなかったんだよな。小泉内閣の郵政選挙での約三百議席という大勝をそのまま受け継いで誕生したものでしょ。そうすると、内閣の行動範囲が限られてきちゃったわけだよ。

それなのに、人材配置ではお友達を内閣に入れすぎて仲良しクラブなどと言われ、国会では強行採決ばかり。そして郵政民営化に造反して離党した議員をわざわざ復党させたり、自分の内閣で選挙に勝ったんじゃないってことを忘れたかのような、やりすぎが多々あった。「政《まつりごと》」の手法としては全然なっていなかったわけよ。

ただその中でも、法案・条約を百本以上成立させたのは立派だったけどね。特に教育基本法の改正、防衛庁の防衛省への昇格（防衛庁設置法等改正）なんかはね。

このところの安倍首相は、第一次安倍内閣でできなかったことを全部やるというスタンスだからね。たとえば下村（博文）文科大臣のところでは、教育委員会の制度改革を一所懸命やっている。これは四十年ぶりの改正になるよな。あるいは大学の教授会側と理事側との経営実態の改正は、六十年ぶりのこと。

ただ私が違和感を覚えるのは、国家公務員制度改革だよ。民主党政権が財政ばらまき政策で政権を取ったのはいいが、取ったあと、霞が関の官僚に全く勝ち目がない。そこで政治主導なんていいながら、官僚組織の力を瓦解させようとして内閣人事局って役所を首相官邸直結でつくろうとしたんだけど、安倍内閣はそんなことやらなくたって既に堂々たる官邸主導を確立しているじゃない。だから、こんなの継承してやって行く必要はないな。

法人税減税も、首を傾げたくなる話だね。企業の内部留保金を放出させるために、設備投資に対する減税措置をするのはわかる。現状では銀行の資金の貸し出し先がないのは企業の内部留保が多いからなんだけど、これを設備投資に回してもらえば、その次のステップとして資金をあちこちで活用できる状態になって行く。

しかし法人税ったって、企業全体の中できちんと払っている企業はそう多くないでしょ。だから法人税減税といっても、経済対策として有効かどうかは疑問だな。私はそんなことをやる必要はないと思うね。

第一次安倍内閣で惨敗した参院選と第二次内閣で大勝した参院選で、はっきり違う点が一つあったね。自民党の公認候補の決定作業を、小泉内閣のときは全部党本部を使ってやったんだけど、第一次安倍内閣のときはなんと平気で官邸を使ったりしていたんだよな。それを第二次では小泉内閣と同じように、党総裁としての仕事は党本部でやるようになって、安倍首相に公私を分ける自覚が出てきたよね。

内閣の仕事と与党の仕事を峻別しないと、党組織の機能を総理がちゃんと使っていないことになるからさ。与党には幹事長とか総務局長とかがいて、全員一丸となって選挙を戦うべきものなんだが、総裁と取り巻きだけで勝手に官邸で公認候補を決めて、ロビーで出馬会見なんてやっているようじゃ政権が機能しなくなるよ。総裁が自ら党本部に出向いて行けば、そこに総務局長から事務局の職員から全部いて、みな総裁の一挙手一投足がわかるよね。それで求心力も出るし、士気も高まる。

ところが、「官邸に候補者を呼んで、何か発表したらしいよ」では困るじゃん。党職員などが官邸に来て立ち会うなんてあり得ない話なんだから。昨年の参院選ではそこはしっかり、完全に党本部でやってくれたから、ほっとしたのさ。

選挙は公示日に終わっている

第一次安倍内閣について、選挙の常道からしてどうにも首を傾げちゃったのは、最終日まで選挙運動の的を重点区に絞らなかったことさ。選挙ってのは万遍なく全国を歩くというイメージをマスコミには植え付けつつ、実際は当落ボーダーラインの選挙区、これは五カ所くらいしかないんだけど、これをどうやって取るかが本当の戦いよ。他は放っておいても結果はわかっているんだから。実際は選挙なんてね、本当は公示日にもう終わってるんだから。

たとえば昨年の参院東京選挙区の丸川珠代氏と武見敬三氏。丸川候補はどの調査でも、黙っていてももうダブルスコアで一位になるのがわかっているわけよ。じゃあ武見候補をどうやって当選させるか、それが戦略というものなんだよ。

首相は公邸に入るべきか？

第一次政権では、安倍首相の健康問題もあったから、体調を心配する向きがあるね。でも、いまは健康状態は申し分ないんじゃないかな。異常なほどの精力的な日程をこなしているよね。海外出張をとっても、小泉首相は五年五カ月で五十一回、延べ八十七カ国を訪問した。それが第二次安倍内閣では最初の九カ月だけで二十一カ国の訪問だ。会った首脳は延べ百カ国以上。これは歴代内閣で見ても異常な多さだからね。

それでいて首相は疲れた様子もない。海外から帰ってても、別荘に行ってすぐゴルフでしょ。夜だって会合を二コース、三コースの過密日程をこなしている。いったいいつ休んでるのかって話だよ。

首相はなぜ公邸に住まないのかと聞かれるけど、こういう状態だからこそ、公邸には絶対住んでもらいたくないというのが私の見立てさ。公邸に入ると、安倍さんは人がいいから訪問客が増えてしまうだろ。でも、渋谷区富ヶ谷の自宅まで帰れば、客のほうでも遠慮するだろうしね。

危機管理上も、富ヶ谷の自宅から官邸まで二十五分くらいで着くからまったく問題ないのよ。福田（康夫）首相の場合などは世田谷区の野沢の自宅から来ると、パトカーがサイレンを鳴らしたり信号を止めたりで、環状七号線で交通渋滞が起きてしまって思わぬ批判も受けたでしょ。富ヶ谷からだと神宮から首都高速に入ればすぐ霞が関だから、なんら交通に支障をきたさない。

オーバーに言うと、地政学的に自宅にいるべきなんじゃないの。公邸にいたら、夜も二コース、三コースのスケジュールのところにまた一つ増えてしまうよ。

首相日程というのは、首相が四つの顔をもっていると認識すればいい。首相としての顔、自由民主党総裁の顔、衆院議員・安倍晋三の顔、そして個人としての顔だね。

全部が首相として人に会っているわけじゃない。地元の山口県の誰々と会ったというのは、衆院議員としての顔だ。野党である日本維新の会の誰かと会ったというのも、必ずしも首相や総裁としてというわけじゃない。

そういう重大な局面の会談じゃなくて、単なる安倍晋三という個人プラス政治家としてのつながりで飯を食ったり、会っているだけというのがあるわけさ。だから、自宅にゆっくりしている時間も権力者には必要だということだね。

閣僚人事は「組み合わせ」が肝腎

ところで、第二次安倍内閣では、首相も人事をいろいろと考えぬいたと思うな。閣僚の決まり方を見ているとそれがわかるのさ。

普通は、適材適所でこの人はここだ、と決めちゃうだけでしょ。ところが、第二次安倍内閣ではTPPの問題があるから、外務大臣、農林水産大臣、経済産業大臣の組み合わせが大事だったわけだ。特に外務大臣は、アメリカとの2プラス2（日米安全保障協議委員会）もあり、防衛大臣との組み合わせも円滑でなければならないからね。

民主党政権の場合、2プラス2の内容を防衛大臣そっちのけで外務大臣がべらべら喋ったりして、不協和音があった。外務大臣だけの面子《メンツ》で考えるとそれでよくても、防衛大臣が誰になるかによって関係が悪くなっちゃう。閣内で出しゃばったり、目立ちすぎたりしてもいけないので、難しいポストだ。誰がなるのかと私はすごく興味をもっていたのよ。

防衛大臣、農水大臣、外務大臣とこのあたりは決まるのが最後になっただろ。あの過程を時系列で見ればそのへんの呼吸がわかるよ。

岸田文雄外務大臣がうまく行くのかどうか私は読めなかったんだけど、結果的には最高に良かったね。民主党政権ではアメリカのパネッタ国防長官が来たときに防衛大臣と会談して、その内容を二人で会見で話すはずだったのに、先に会談していた外務大臣が直前に全部喋っちゃった。防衛省記者クラブはがっくりきた。こういうことは今はまずないだろうよ。

小泉内閣でもFTAの問題で経産大臣と農水大臣の組み合わせにすごく気を使った。平沼赳夫氏と武部勤氏を経産、農水に並べてね、近しい関係だから喧嘩のしようがないだろうというんでさ。

その小泉内閣でも閣僚同士がぶつかった例がいくつもあった。小泉首相は知らん顔でぶつからせといて、両者を呼んで、「どうしても一致できなかったら俺が決めるから」って一言言うんだよな。

すると閣僚じゃなくて裏で支えている官僚がびっくりするのよ。小泉首相に決められちゃったらもう身動き取れない、そりゃたまったもんじゃないってわけさ。だからタイミングを狙って首相が「俺が決める」と言うと、意外や意外、一気に収束して片が付いちゃうんだね。政治家も官僚もそんなものさ。

小泉と小沢の思考方法は似ている

話はやや横道にそれるけど、小沢一郎氏の思考方法もある意味で小泉純一郎と同じと私は解釈している。ただ、手法が違う。小泉の場合は徹底的にボトムアップで議論させておいて、最後に自分が決断する。小沢氏は、俺の言うことは正しいからお前ら聞け、決めたぞ、というまさにトップダウンなんだな。

三年三カ月の民主党政権の間、大きなテーマになると、だいたい結論を先に決めておいて議論するもんだから、まとまらないわけよ。政権与党としての決定をしてしまってから、代議士会にかける。そんなことやったって意味ないよ。造反者や離党者が百名以上出たのはそれが原因なんだよな。

いまの官邸には優秀なブレーンが揃っているけど、国会対策を瞬時に、いわゆる歳時記に変換して読める人が何人もいないのが最大の欠点だな。昨秋の臨時国会を思い出してもため息が出るぜ。法案二十八本が団子状態になっちゃって、しかも八割以上の本数の委員会審議が火水金とか、定例開催日の曜日が重なっていたんだから、笑っちゃうよ。

全部が重要法案だみたいな話にはできないんで、安倍首相の出席も絞り込んで優先順位をつけなきゃいけない。そうすると五十日くらいの会期であれだけの数の法案をこなして通すなんて、はなから綱わたりだったのさ。だから特定秘密保護法で強引、拙速だと批判を招いた。そういう国会の工程表がわかる人材を要所に配置しておかなきゃ政権は回らないよ。

ただ、安倍さんが一番うまかったのは、党内の実力者を全員閣内にとりこんだことさ。だからポスト安倍候補がいなくなってしまった。

これから、敢えてポスト安倍としてじわじわと表に出てくるかなと私が見ているのは、菅義偉《よしひで》官房長官をのぞくと、実は小渕優子議員だね。財務副大臣をやって、今度は衆院文部科学委員長。派手さは無いけど、政治家としての地固めを一歩一歩、ちゃんと進めてきている。

それでいてマスコミにほとんど出ないでしょ。TBS出身だからマスコミの扱い方を本能的に知っているんじゃないかな。彼女は選挙区で黙っていても当選するんだから、当面はマスコミに出る必要もないわけだよね。うまいよ。

閣僚「身体検査」の手の内を明かそう

第一次安倍内閣では閣僚の不祥事が多発したけれど、これはマスコミの報道姿勢にもよるからね。いま仮に第二次安倍内閣で同じような、政治資金収支報告の手続きが間違っていたというようなことがあっても、週刊誌などを含めても叩く人は少ないだろうさ。

これはアメリカの大統領だってそうで、かつてニクソン大統領がウォーターゲート事件で盗聴やったって非難されて辞任したけれど、いまのCIA元職員のスノーデン氏の超弩級の機密暴露に比べたら、あんな程度で辞めざるを得なかったのはニクソンが可哀そうなくらいじゃん。あんまりでしょ。だからそのときの状況によって政治的な位置づけが全く変わるのであって、いまはもし第一次内閣のような不祥事があっても誰も騒がないね。

これには三年三カ月の民主党政権が全くデタラメで、国民の許容範囲がうんと広がったということも前提としてあるけどさ。お蔭で、安倍政権がくだらないマスコミの攻撃で傷つくということは当分の間はないいな。民主党のひどさは、ある意味で有難いことだったたってわけだよ。

いまの閣僚もみんな慎重で、挑発されても誘導されても、なかなか失言はしないでしょ。全員、その意味では合格点をあげてもいいんじゃないかな、ここまでは。

また、閣僚を選ぶ際の、いわゆる身体検査も、菅さんを中心にして相当細かくやったって仄聞《そくぶん》しているけどね。率直に言って、小泉内閣のときは閣僚だけが対象で、党の幹部や、副大臣、政務官などはあまり詳細には身体検査はしなかった。でも今回は、「おい、ここまで対象にするの?」と思うようなポストの候補者も一応、全部点検したらしいからさ。

大きな声じゃ言えないが、これ、危ないんじゃないかと思った副大臣候補がいたんだけどね。菅さんに注意喚起したら、既に同じことを考えていて、調査済みだったからね。「大丈夫だ、クリアしたから」という返事がすぐ出てきたから、お、なかなかだなと。

徳田毅国土交通政務官の女性問題についても対処が速かった(二〇一三年二月、政務官を辞任)だろ。捜査の手が伸びる前に先回りして官邸が処理した、これも合格点だったと言っていいね。

身体検査といっても、みんなおどろおどろしく想像しているけど、私がやったのは社会部ネタ的なことは大してないんだからさ、実は。

ひとつだけ手の内を明かすと、閣僚などのポストにふさわしいかどうかを、過去の言動にさかのぼってチェックしたっていうのは教えてあげてもいいかな。

たとえば小泉内閣の大詰めで自民党政調会長に登用した与謝野馨氏。小泉とはそれまで接点がなくて、郵政民営化などにどう動くのかわからなかったわけよ。それで過去の言動を調べたら、国会で若い頃、郵貯改革が必要だっていういい質問を衆院大蔵委員会でやっていたんだな。これで小泉とウマがあうのがわかった。郵政民営化にも反対ではない。それで、政調会長を経て経済財政担当相（第三次小泉改造内閣）にまで使ったわけだ。

調べるときは、過去の新聞記事とか、講演録とか、本人にわからないように収集して、小泉首相だけに報告するのよ。政治資金収支報告なんかも含めてね。

一人だけ、どうしても登用したくて、政治資金規正法に関しても全部間違いないという調査結果でありながら、とりやめた例があったんだよな。その人物が国会の常任委員長などの役職についているときに、収支報告は立派なんだけれども、突然、単発で審議中の法案の関係業界から一挙に献金があったりした。これは怪しいでしょう。こういうのは不適格として直ちに外したよ。

だけど、まずは過去の言動をチェックすることが肝心なんだよ。

官房長官をいつ代えるか？

首相官邸には三つの山がある、とよく言うんだけどね。首相という山、官房長官の山、そして事務担当の官房副長官の山さ。私は小泉が首相になる直前に、当時の事務担当の古川貞二郎官房副長官と協議したことがある。

首相秘書官の人数を増やすことも、出身の官庁で入れ替えることもなかなか困難な状況だったので、首相秘書官を出していない省庁から若手の課長クラスを内閣参事官という肩書きで、数人集めた特命チームを作った。

私、つまり政務担当の首席首相秘書官から見たら、これは小泉直結で事があれば動く「特命チーム」なんだけど、既にいた各省の首相秘書官から見たら、ただの連絡要員とも言える。官邸の三つの山の間を走り回り、それぞれの出身省庁との調整・連絡の機能も持たせたからね。

首相には、実は手足になって動く直属の組織というものが全くないに等しいいいんだよね。政務と事務の首相秘書官が併せて六、七人いるだけなのよ。

一方、官房長官のほうは内閣官房という組織を統括している。内閣官房には政府全体の総合調整という権限があるから、各省の人事にしても政策にしても、事務レベルからあがってきたことがすべて、官房長官に集約されることになるわけさ。だから官房長官のもとで精査して、ほぼできあがった決定事項案を、首相は承認するだけという形になる場合もある。

無論、そうじゃなくて首相のトップダウンで決めることも時々はあるんだけど、八〇パーセント以上はこうやってボトムアップで各省から上がってくる、それを官邸が承認するのが日本の政治や行政の日常の姿ということになる。

変な話だけど、首相執務室には金庫だってないんだからね。俗に機密費なんて言われる官房報償費なども官房長官が扱うんだから。

お金、人事、政策の実務はすべて官房長官が頂点になる。だから官房長官をやっていると、「俺だって首相になれる」と誰しも錯覚を起こすくらいのポストなんだ。

そうなると、どういう政治家が官房長官になるかによって、内閣の性格も大きく変わってくるんだよな。あまりに将来の野心に燃えるような長官であれば、その内閣の寿命は縮まりかねない。だからこそ、いわゆる旧経世会系の内閣では、官房長官は内閣の大番頭であるにもかかわらず、いや、それだからこそ頻繁に交代させたものなんだよ。長官に就いた男の権力をあまり肥大化させないためにさ。

橋本龍太郎首相だって自分は政策通で、「武闘派」の梶山静六官房長官といいコンビだったのに一年八カ月で途中で代えた。小渕恵三首相だって、「政界の狙撃手」で頼りになった野中広務官房長官を一年二カ月で代えたよね。

田中角栄首相なんか、党役員の人事だって分かりやすかったよな。選挙が近い時期は資金を差配する経理局長や選挙対策の実務を仕切る総務局長といったポストを田中派でしっかり押さえる。

一方、選挙がしばらくない時期には、平気で反主流の福田派に回してくるんだよ。それが選挙の直前になると、またパッと人事をやって代えて、自分たちが主要ポストを押さえちゃうんだからさ。勝手なもんだよね。

その冷徹さに比べると、森喜朗内閣の途中から小泉純一郎内閣の後半まで福田康夫氏がずっと一人で官房長官をやって歴代最長なんて、田中角栄や佐藤栄作の時代から見たら、バカじゃないかってことになるんだよね。

結局それで、福田康夫氏は首相候補にまで存在が大きくなり、親子二代で首相になっちゃった。そんなことをさせちゃあ本当はダメなのよ。

時の首相はちょっと官房長官が強くなってきたらすぐさま代える、こういう算段で内閣改造をしなきゃいけないね。官房長官のポストは重要だから代えないというのは正しい考えのようで、一方でとんでもない鬼子を育ててしまうことにもなるわけよ。

首相より偉い官房長官？

このセオリーから行けば、安倍首相も、菅官房長官をいずれどこかで代えるべきだという時期が来るはずなんだけどね。これは安倍さん、菅さんの能力とか善しあしじゃなくて、政治家同士の性《さが》の話だからさ。

ただ、現状では菅さんに代わる人物がいないのも事実だよな。すると、今度はうかつに官房長官を代えると内閣が瓦解する可能性が高まるかも知れない。

旧経世会の時代は人材豊富で、竹下首相の下には橋本、小渕、梶山らの七奉行がいたし、その下にも小隊長クラスが一杯いた。いまはそれがないでしょ。

菅さんと同等もしくは上の官房長官候補が自民党内にいるかといったら、安倍さんがもともと所属している清和会系の人材にも、お友達グループにも、今の時点ではいないんだな、これが。

あえて探すとしたら、これはまさに総裁選で安倍さんとぶつかったような対抗馬クラスの人材しかいないのよ。だけど、これは安倍さんが女房役にしちゃいけない人たちだ。だとすると、第二次安倍内閣を長期政権にするには、過去の内閣では官房長官をどこかで代えたけれども、今回ばかりは簡単に代えないほうがいいという見立ても出てくる。

この一年、閣僚から不協和音とか、おかしな発言が出てこないからね。総裁選で争った対抗馬をみんな内閣や党執行部に入れていて、しかもTPPとか安全保障とかいろんな懸案事項が控えている。総裁選に出るくらいの力量のある政治家なら、安倍首相よりも自分が目立って世間に発信したいという気持ちがあってもおかしくないんだよ。

ところがみんな発言を控えているでしょ。つまり官邸中心で、なおかつ要石《かなめいし》の官房長官が出しゃばらないで後衛でしっかり手綱を引き締めているから、安倍さんの発言だけがあらゆる面で目立つ。

これはトップダウン、官邸主導と言われた小泉内閣よりももっと徹底しているからね、俺に言わせれば。小泉首相の場合は、重要な案件でここぞという場面では「オレに任せろ」とバーンと前に出て来ることがあったけど、こんなに多面的にどんなテーマでも全部首相が前に出て来るというのは憲政史上でも初めてじゃない？　実際は菅官房長官は舞台裏で官僚の人事からアベノミクスまでしっかりグリップを利かせているんだけどね。それでもご自身はメディアにも決して出しゃばらない。黒子という自分の役回りをよくよくわきまえていて、「虎視眈々と将来の首相の座を狙う」というような様子もうかがえないしね。

安倍・菅はまさに最高、最良のコンビと言っていいんじゃないかな。小泉内閣の場合もそこまでは行かなかったんだからね。長くやっていた官房長官のほうが偉いような感じがすることもあったり、いろいろだったんだから。おっと、これ以上はっきり書くとまずいぜ。

菅さんは総務相も経験しているし、霞が関最大の行政組織を預かる閣僚として経験を積んできたのがいいところだな。安倍内閣にとってはそれが最高に有難いよ。

考えてみれば、安倍首相は小泉から帝王学を受けたというか、官房副長官、幹事長、官房長官と重要なポストを駆け上がってはきたけど、一政治家として大きな組織を預かる閣僚にはなっていないんだよな。強いてあげれば、厚生労働省の政策を審査する自民党の社会部会長くらいしかやっていない。

菅さんは総務相をやって、私もお手伝いさせてもらったけど、「ふるさと納税」を発案して実際に創設させている。そういう実績と経験のある人が官房長官で、これは安倍さんにとっては大変有難い位置づけになったよな。

結果的に、内閣の誰かがとんでもない発言をするかというと、していないからね。TPPでも農水、経産、外務の各大臣、ここらへんから異論が出るということもないよね。普通だったら農産物の関税は下げたくない農水大臣が、自由化路線で前のめりになる経産大臣に文句を言うってのが、だいたい縦割りの日本政府のパターンなんだけど、そういう摩擦とかが全く聞こえてこないんだから。こういう内閣もなかなか珍しい。

かと言って、菅さんが何でもかんでも力ずくで全閣僚を抑えこんでいるのかというとそうでもない。みんな安倍さんへの忠義で身を粉にして働いている。そしてバラバラ感が出たら民主党政権の悪夢の二の舞いになる、という意識がとても強い。これは珍しい内閣だよ。

ただ、永田町のプロの視点から見ると、官房長官の立場もかつてより弱くなったという見方だってできなくもないんだよ。なぜかというと、森山眞弓氏が官房長官のとき（一九八九年―一九九〇年）、官房機密費の取り扱いの実務を何と官僚に任せてしまったからなのさ。

森山氏の少し後まで歴代官房長官の親睦会というのを秘密にしてやっていたんだけど、そこでみんな話を聞いてあきれ返っちゃったのよ。機密費をいくら、何にどう使ったかなんて話は一〇〇パーセント政治の世界で、闇から闇に葬り去る話でなきゃまずいのに、使い道を官邸で働いている官僚に見せちゃったって言うんだからさ。それから内々だけど、記録を残すようになり、徐々に事務的な取り扱いが増えていったというね。

森山眞弓官房長官はある意味で内閣の屋台骨をガラガラと崩してしまったのかもしれないな。大刀なのか小刀なのかしれないけど、刀の使い方次第によっては、官房長官というポストは怖いポストだよ。

総理は必ず靖国参拝を！

政治家と官僚の判断にはおのずと違いがあるはずだよな。官僚の手法で下から問題点を積み上げていったら、途中で頓挫してしまう事柄でも、政治家がドーンと決断すべき瞬間がある。皆が皆、目玉をいつも下から上に向け、トップの顔色ばかりうかがうヒラメ官僚やヒラメ社員になってしまったら、日本は終わりさ。内閣参与として、あえてヒラメにならずに論じたいといつも思っている。

安倍晋三首相には、（二〇一三年）十月十七日からの靖国神社の秋季例大祭に、なんとしても参拝していただきたかったね。極東国際軍事裁判でのA級戦犯が合祀されているから、首相は行ってはならないという議論が内外で根強いけど、誤解曲解も多いな。

A級は「平和に対する罪」、B級は「通例の戦争犯罪」、C級は「人道に対する罪」の区分に過ぎないから。A級は政治家や軍司令官など戦争指導者が対象だけど、「A」だから罪が一番重い、という意味じゃないからね。

次に合祀だけど、昭和二十年代末の国会決議、戦傷病者戦没者遺族等援護法や恩給法の改正で、「戦犯」の遺族も戦没者の遺族と同様に遺族年金や弔慰金の支給対象になった。受刑者も恩給を受けるようになったわけだ。

A級戦犯で絞首刑になった東条英機元首相ら七人も「刑死」ではなく「公務死」扱いに変わり、遺族年金などが支払われることになったんだよ。言ってみれば、法律上は赦免されたわけさ。

靖国神社による戦没者の合祀は、旧厚生省引揚援護局が各都道府県に合祀への協力を求めて作成し、靖国側に通知した祭神名票（戦没者名簿）が基になっている。B・C級戦犯、次いでA級戦犯についても後に援護局が同様の資料を靖国側に送っている。

旧厚生省が作った名簿が合祀の基準になっているわけで、靖国神社側が「A級戦犯も合祀してしまえ」と独断専行で無理やりにやったことじゃないんだよ。

小泉純一郎元首相が在任中に毎年参拝した当時から、靖国問題は政争の具になってきたけど、そろそろ終止符を打ってもらいたいね。

時の首相は、靖国の御霊に「安心してお眠り下さい」とあくまで不戦の誓いを立てるために参拝するんだよ。先の戦争で近隣諸国に多大な迷惑をかけた。そこで「私が首相でいる間は二度とあのような過ちは犯しません」という決意の表明なのさ。誰からもとやかく言われる筋合いなんかないぜ。

中国の習近平共産党総書記はそんなことであぁだこうだ注文つける指導者ではない、とオレは見たいね。安倍首相も秋に参拝したうえで日中首脳会談を実現する道筋を見据えて欲しい。むしろ、靖国参拝から新しいトップ同士の対話がスタートするという発想だな。

米国のケリー国務長官、ヘーゲル国防長官がそろって千鳥ケ淵の戦没者墓苑に足を運んでくれた。これも画期的なことじゃない？　それなのに日本国のトップリーダーが靖国に行かないってのは、どうなのよ。

首相の従来の言動から、国民は「安倍さんは靖国に行く」と信じてるはずだろ。

第二次内閣発足翌日の一二年十二月二十七日。国際情勢や高い内閣支持率、長期政権への手応えから言って、首相にはあの日に堂々と参拝する姿を国民に見せて欲しかったのが本音だがな。

実はオレも現場の下見に出向いたり、あらゆる可能性を想定して動いていたのさ。あの朝が最善と考えたんだけど、諸般の事情でさたやみになったわけだよ。

二度目のチャンスがこの秋だった。こういうのは日にちが経てば経つほど、行きづらくなるからね。この機を外すと、永遠に参拝できないかも知れないぜ。

小泉純一郎「原発ゼロ宣言」に物申す！

小泉純一郎元首相の最近の「脱原発」論は誠に素晴らしい。日本人のみならず、人類全体が向かうべき方向をはっきりと指し示す。シンプルで分かりやすいメッセージを発信する。その政治センスには相変わらずほれぼれするね。「あれが北極星だ。それを目指して真っすぐに進め」というね。

ただ、メディアも良くないな。原子力発電所の即時全廃などを叫ぶ、元から筋金入りの「反原発」論と、三・一一の東京電力福島第一原発の事故を受け、ここで一度立ち止まって考えてみてはという「脱原発」論をごちゃまぜにしがちだよ。

「反」の連中が小泉元首相も味方についてくれたなんて喜んでいるみたいだけど、冗談じゃない。冷静に見れば、元首相は今すぐ止めろの「反」でも何でもなく、時間をかけてその理想を目指そうという「脱」だろ。それならオレも賛成さ。

ただ、問題は何年先の「脱」なのかを明示していないこと。いったい三十年先なのか、五十年先なのか。具体的な工程表を示さないままだから、「反」と一緒くたで妙なとらえ方をされてしまうのは残念だな。お仕えした者として心配だよ。

例えば五十年先にいったい、どんな未来像が描けるのか。理想を高らかに掲げる政治家は、蓄電技術の画期的な進歩とか、それに向けてどんな研究開発を進めるのかなど、国民に道筋を明示しなくちゃいけない。

百年先ならともかく、これから二十～三十年の時間軸で捉えると、「脱原発」論も「実現なき素晴らしき理想」にとどまると言わざるを得ないんじゃないか。

二〇二〇年以降、日本の人口減少は一気に加速する。経済成長は停滞せざるを得ないし、財政危機も心配だ。国際競争力を維持していくうえで、エネルギー問題は深刻な構造問題になるよ。

支持率が高く、基盤が安定した安倍晋三内閣はしっかりした長期展望を持って問題解決に取り組まないと。

三・一一事故の東電の賠償や除染、廃炉の費用はますます膨らみそうだ。原発の規制強化で他の電力会社にも様々な波及がある。核燃料サイクルも含め、結局向こう十年で二十兆円規模の国費を投入しなくてはならないなんて試算すらある。

こういう費用を考慮に入れた場合、「原発はコストが安いなんて実は大ウソだった」という論者がいるね。

試しに二十兆円を上積みして考えた場合、原発の一キロワット時あたりの発電コストは三・一一前より無論、跳ね上がる。ただオレの試算では、それでも七円四十銭から十三円の間くらいだよ。

ところが、菅直人元首相が号令した太陽光発電の強制買い取り価格は当初は四十二円だった。今でも三十五円を超えている。

これだけコストに差があるのに、三・一一前は全電力に占めるシェアが一パーセント台だった太陽光などの再生可能エネルギーで、三割近かった原発の分をすべてカバーするのは到底不可能じゃないか。

欧州を見ても、スペインなども悩んでいるようだな。ドイツは脱原発だって言うけど、いざとなれば、原発大国である隣のフランスから電力を買うことができる。地続きだからね。日本はそれができない。こういう現実を直視しないとダメさ。

電力の安定供給はどうなる？

世界の原発の炉心の八割は日本製鋼所がその技術力で関与している。これ、あまり知られていないんじゃないかな。「日本製鋼なくして世界の原発なし」だ。

将来は「脱原発」だと言ってしまえば、ここまで技術を磨き上げた日本企業の努力の火を、いとも簡単に消してしまいかねない。果たしてそれでいいのかな。

ちなみに鳩山由紀夫元首相の選挙区だった北海道室蘭市には同社の主力工場がある。そんなこともわきまえずにお気楽に「脱原発」を唱える鳩山氏には、一人の日本国民として憤慨せざるを得ないね。

トルコが建設を計画する新しい原発四基をどこが受注するか。中国、韓国、カナダなど各国が営業努力にしのぎを削ったけど、日本が「最高価格」で受注することになった。「最低」じゃない。最高価格でだよ。

それでもトルコ政府は安全安心な日本の技術レベルを高く評価したわけだ。オレもカゲながら応援していたけど、安倍首相を先頭とする政経一体の努力でここまでこぎつけることができた。こういう実態も冷静に論評してもらいたいね。

電力システム改革で発送電分離とか言っているのも、危ういな。実は中国も発送電分離だ。どうも発電への参入は自由があるらしいけど、送電部門は中国共産党がしっかり掌握している。

だから、共産党の胸三寸で送電コストの上げ下げも決められる。従わない電力会社はあっという間に倒産してしまう仕組みだ。

日本だって送電部門を各電力会社から切り離し、一本化して国が送電線の管理に口を出すみたいな話になると、政治情勢が変わってとんでもない政権になれば、何が起きるか分からない。電力の安定供給はどうなるのか。いつもバカを見るのは消費者たる国民だよ。ところで、三・一一の原発事故は、事業者の東電も、政治も行政も、すべてが不幸な状態で起きた事故だったと言わざるを得ないね。

民主党政権は言うまでもなく、経験不足から抜け出せないうちに三・一一に遭遇し、無力をさらけ出した。

東電も歴代社長は総務畑から出ていた。与野党の政治家との交流や資源エネルギー庁の経産官僚との付き合いに長けた者たちがトップに就いていたから、意思疎通も円滑だった。ところが、二人続けて総務畑の社長候補が他界してしまった。

それで事故当時の経営は企画畑の勝俣（恒久）会長や、資材畑の清水（正孝）社長という体制になっていたんだ。政治家とも官僚とも接点の乏しい首脳陣。そこへきて、危機管理もなっていなかった。

東電本店に押し寄せてくる記者団を、総務部門がある三階に入れてしまった。三・一一以降、記者が延々と三階に居座ってしまったのだから、本社機能がまともに発揮できるはずもない。

真っ先に三階から一階に脱出したのは労働組合だったというから、笑えないよ。記者会見場は外のホテルなどに設営すべきだった。この辺は東電の隠れた失態だ。

そこへ持ってきて経産省と原子力安全・保安院（当時）も情けなかった。何と大慌てで一夜のうちに七十人もの職員を本省から保安院に異動させたりしていたんだよ。

いかに本省がヒマで、同時に保安院に適切な人事配置がなされていなかったかよく分かる。どんな行政組織でも突然、七十人の大異動なんてありえない。その背後には玉突きに次ぐ玉突きで、数百人の異動が必要になるはずなんだからね。

もしもあの時、自民党政権がしっかりして続いていたら、小泉内閣でオレが官邸にいたら、国民の皆さまにも安心して任せていただけたんじゃないかと思う。本当に悔しいし申し訳ない。

「ゴミ捨て場」を探せ

締めくくりに一つ、声を大にして言っておきたいことがある。岩盤の固いフィンランドの地下核廃棄物処理施設「オンカロ」のような「核のゴミ捨て場」が日本にはないじゃないか、という論調も根強いよね。

だからと言って、いとも簡単に「ゴミ捨て場がないんだから、原発は止めよう」なんて論法はおかしいよ。そういう話を聞いたのなら、国内外を問わずに適地を懸命に探し、答えを見つけようと努力するのが政治家というものの責任感だろう。

核廃棄物処理施設の問題は解決可能だ。安倍内閣が長期安定政権になれば、不可能じゃない。内閣参与としてそう信じて動いている。このことは忘れないで欲しいな。

二〇二〇年東京五輪「成功の条件」

東京五輪招致では、私は自己判断でトルコのギュル大統領に直前に会っていたんだ。二〇一三年九月のＩＯＣ総会の第一回投票で一票でも日本がトルコより多かったら、二回目投票では全面的に日本に協力していただきたいという話をしていたのよ。八月にパレスチナに出向いて平和勲章をもらったあと、安倍首相の中東訪問に合わせてイスタンブールで合流する予定でいたところ、その前に大統領に招かれて、ざっくばらんな懇談をやったんだ。

トルコのボスポラス海峡を横断する地下鉄建設については、小泉内閣で支援を決定して工事を進めてきたのが完成して、一三年十月二十九日のトルコ建国記念日に合わせて開通式典をやった。これに安倍首相も出席したんだ。

小泉内閣の官房副長官だったときに地下鉄プロジェクトの支援決定に側面的な働きをしていた安倍氏が、ちょうど開通式典には総理大臣としてテープカットをすることになったんだから不思議な因縁だな。事業開始とテープカットは別人になることが多いのに、こういうつながりは珍しいよ。

日露戦争で日本がトルコの宿敵ロシアに勝った歴史的経緯から、トルコは国民の多くが日本大好きという国だから、協力してくれる素地があるわけよ。また、トルコ自身も、二〇二〇年に万博の開催を計画していたもんだから、そのために全面的に日本と交流を深めて支援してもらいたいという環境にあった。それで安倍首相が式典に出席すると、海峡の中間地点に安倍首相の名前と日本の国旗が記された銘板が掲げられていたという嬉しい一幕もあったわけさ。

五輪に関連して言うと、一九九八年の長野五輪の開催地決定のとき（一九九一年）はソルトレイクシティ（米）と僅差で、北朝鮮が長野に投票してくれて決まった経緯があったって知っているかな？　これは日本では報道されていないけれども、長野県選出の羽田孜氏（元首相）なんかも涙を流さんばかりに感激したものだよ。

そして北朝鮮から当時のスポーツ担当の宋日昊、今の朝日国交正常化交渉担当大使だけど、彼が工事に着手したばかりの五輪会場を見学に来たりもしたんだよな。今回も北朝鮮が日本に二票入れてくれたと私は信じたいね。票数から言っておそらく間違いないだろうけどね。

五輪対策として、私の希望としてまずやってほしいのは、観光地、都市を中心に電信柱の地中埋設化を徹底すること。これによって都市のイメージが全く違ってくるな。

しかし国立競技場の改築については、某ゼネコンの重役に聞くと、あれを引き受ける馬鹿はいないと言うんだな。かつて東京都庁を新宿に建てたときと同じだよと。都庁はどうだったのかと言うと、丹下健三氏の設計で、仕様書が大変で大変で、ゼネコンはびっくりしたわけだよ。

たとえば壁紙をビニールにするとなったら、無印の安いのでも貼っちゃえば経費が浮くじゃない。ところが丹下健三の設計では、製品名まで指定してくるらしいんだ。この会社のサークルラインでこれこれこれの形のじゃないとだめとか。同じようなのなら量販店にすれば一万円や二万円は浮くのがある。

あるいは鉄骨だと、JIS規格の新日鐵住金のだとかじゃなくて、韓国製の、これは以前、どこかで曲がっちゃって問題になったけど、無印のH形鋼とか、そういうやつを使って材料費を倹約していくものなんだよ。

ところが官庁発注の場合、丹下健三の設計だと下請けが逃げちゃう。設計が丹下で、施工が戸田建設とか清水建設となると、仕事をウチにくださいという下請けはほとんどゼロになったらしいね。まず丹下氏の要求が厳しい、そこへ更に戸田、清水が予算を削るでしょう、そうしたら儲けが出ない「請け負け」になっちゃう。文字通り「請負」よ。

じゃあ東京都はどうしたかと言ったら、下水道なんかの土木工事は儲かるらしいんで、それを同じところに発注して箱（建築）で損したのを下水で埋め合わせる、差し引きで利益が上がるというふうにしたってんだな。建築と土木は縦割り行政で部署が分かれているから、その調整が大変らしいぜ。

二〇二〇年の東京五輪の主会場となる新国立競技場は千三百億円の予算だけど、それでは絶対できない。当初の構想通りだと、四千何百億円から五千億円くらいかかるというんだ。全ゼネコンがそう思ってるけど、あとで設計変更があるかもしれないから、とりあえず受注獲得に向けて政治家を使ったりして工作が激しいらしいね。

文部科学省の人間に聞いたら、あの設計は変えます、って白状したよ。あれは設計コンペでイギリス在住のザハ・ハディドの案を採用したんだが、そういう経緯にもかかわらず変えてしまうと言うんだから、笑うでしょ。

それでも千三百億円の予算では絶対建たないというんだから。最大三千億円くらいには膨らむというので、そこに利権を求めて政治家から何から寄ってきている。

ただ、文部科学官僚にも大したやつがいてさ。ＩＯＣのロゲ会長（当時）って、開催地に立候補した各国のプレゼンテーションになると、冒頭だけ聞いてすぐに中座してしまうらしいんだな。ところが、日本のプレゼンテーションのときだけは終わりまで坐っていた。こういうのはなかなかやれるやつはいないんだが、京都の芸者を二人連れて行って、ＩＯＣ会長の両隣に坐らせたっていうんだから。

それで日本のプレゼンテーションは最後までニコニコして聞いてくれたって話を伝え聞いたときは、さすがの私もうなったね。

東京五輪のトップには誰がふさわしいか

一九六四年の東京五輪。郷里の長野県から上京して間もない頃だったな。上野の三畳一間に間借りして、夜学の定時制高校に通っててね。破れた学ランに毛布を担いで連日、国立競技場の周辺をうろうろしてたよ。

優雅に観戦？　冗談じゃない。生きていくためさ。入場券を買うには、まず整理券を入手しなくちゃならない。窓口は種目別で、女子バレーボールの「東洋の魔女」のソ連との決勝戦なんて超人気で、長蛇の列よ。

コンクリートに毛布敷いて徹夜さ。で、ゲットした整理券は最高十万円で売れたっけな。相手は大学教授だったね。陸上のハンマー投げや水球などやや人気薄の種目にも体力の限り並んでは整理券を売りさばいたよ。おっと、もう時効だね。

野宿でも三畳より広々だからね。来る日も来る日も体を張った稼ぎで買ったのが高級家具調の東芝カラーテレビ19CT。半畳の押入れにセットして、念願の五輪観戦だよ。次に銀座で二晩並び、スウォッチ製の五輪記念の日の丸ツートンカラーの腕時計も購入したね。

陸上の男子百メートル走で飯島秀雄が日本期待の星だっただろ。苗字が同じってだけなのに、田舎から出てきたばかりの若者の心理なのか、親戚以上の身内のスターみたいにどえらい興奮で応援してたよ。結果は残念だったけど。

真っ青な秋空に、航空自衛隊の「ブルーインパルス」が見事に描き出した五つの輪も忘れられないな。実は当時の防衛庁長官は小泉純一郎元首相の先代、小泉純也先生だったんだ。何か不思議な因縁を感じるよ。

二〇二〇年の東京五輪招致が決まった後、各地を歩いてみると、盛り上がりはすっかり全国区だな。様々な競技種目のトレーニングセンターを整備して、おらが地元からも金メダル候補を育てたいって熱気が津々浦々まで広がっているよ。

〇四年のアテネ五輪の後、トップ選手を強化するためのナショナルトレーニングセンターの早期建設を決断し、三百四十億円を一発回答で投入したのは小泉元首相だったって覚えているかな？

今回も二〇年までの七年間で国民各界各層挙げてスポーツ振興や競技力の向上にどう取り組むか。開催地は東京都だけど、招致決定までと同様に政官民が一丸となり、オールジャパンで邁進しなきゃならないぜ。

にもかかわらず、大会組織委員会の会長人事を巡ってガタガタしているらしいな。情けないったらないよ。

安倍晋三首相が招致に尽力した森喜朗元首相の功労に報いて会長を打診へ、と報道された。かと思えば、猪瀬直樹都知事は「人選はオレのところでやる」と主催者として対抗心むき出しだ。毎度、オレがオレがの手柄争いはため息が出るね。

前の東京五輪では組織委会長は安川電機会長、九州電力会長などを歴任した旧安川財閥の安川第五郎氏だったよな。一九七二年の札幌冬季五輪では植村甲午郎経団連会長。九八年の長野冬季五輪では斎藤英四郎元経団連会長が務めている。

今回も政官民一体を象徴する会長には「オレがオレが」の出しゃばり組ではなく、経済界の気鋭の人材が適任さ。七年後まで見通せば、経団連のスポーツ推進委員長に就任するトヨタ自動車の豊田章男社長がベストじゃないかな。

過去の例から見ても主催する自治体トップやＪＯＣ（日本オリンピック委員会）会長、元首相などは並びの副会長がいいところ。政治家は小泉元首相のように長期的視野に立ってスポーツ振興をどう進めるか。そっちで脳みそに汗をかき、腕力を振るってほしいね。

官僚操縦術

全省庁の中で、経産官僚には大した器が多いってことは事実だな。新たな政策を言いだすのは、経産官僚が一番多い。ただ、言いだすだけ。一番いい例が、アスベスト対策だよ。「人体に悪影響がある、除去しないといけない」といち早く言いだした。ところがアスベストを除去しなければいけない業界は、経産省の担当分野ではゼロだった。

経産省に言われて政治が動いて、農水省、文科省、厚労省、警察庁などあらゆる省庁がアスベスト対策に追われて、もう二十年以上経つのにまだ一〇〇パーセント除去に達していないんだよ。だからみんな経産省に対して文句を言うのさ。火を点ける能力はすごいけど、自分で実践はしないんだから。

経産省の部署名を見ると、どんな大きなセクションかと思うようなのが多くて驚くよ。たとえば、採石、砂利やタイルの業界。そんなの誰も相手にしないような感じもあるけど、この担当に「窯業建材課」と付けるわけ。タイルって、焼くから、窯業の部類になる。するとここに壺まで入る。

全省庁で立派な名前の部署が一番多いのは経産省。二人か三人しかいない部署でもこうやってすごい大所帯みたいな印象に化けてしまうんだから。

三・一一の東日本大震災のとき、農水省はたった五日間で漁港の廃物を除去して船が寄港できるようにした。自衛隊は五日間で千人規模を救出した。国交省もたった五日間で被災地まで入れるよう高速道路などを補修した。

ところが六日たったそのあとに、海江田万里経産大臣は石油を西日本で精製して東日本へ供給すると発言したんだが、精製しても被災地に運ぶタンクローリーがなくなってしまった。そこをどうしたかというと、野党・自民党の二階俊博さんが思い余って、自分の名前を言わないで全部手配してまとめてあげた。

海江田氏がやったわけじゃないし、経産官僚は何もできなかった。石油を備蓄する頭はあるけど、いざというときの輸送シナリオは作っていないわけ。やることが中途半端なんだ。

昭和六十年前後、電算メーカーがすごい不況になってしまった。日本の主要七社全部が不況になった。どうしようというときに、経産（通産）官僚は頭がいいね。

これからは地域医療が大事だと言って、全地域の自治体に電算センターを作って医療機関をすべてつなぎ、急患が出たときどこに空きベッドがあるかわかるようにしようということになった。モデル地区を二カ所作った。で、いよいよ実施する段になったら、電算メーカーの景気がよくなっちゃった。

そうしたらもう通産省は知らん顔。それは厚生省の担当ですと言う。電算センターを作ったものの、病院の端末には空きベッドがない。いや、実際は空きがあっても電算上は空きベッドがない状態になったままなんだ。全く機能しないで、四、五年でその話は終わってしまった。失礼な話だと厚生省は怒ったよ。

自民党のノウハウ

そんな官僚を操縦する方法については、自民党の場合は何十年の歴史とノウハウがある。国会議員になると、まず自民党の国会対策委員会でつかい走りから始めて、国会の勉強。次に党政調会の毎朝の部会で政策の勉強。官僚ともパイプを作っていく。

当選回数を重ねると、いよいよ政府に入って大臣政務官。大臣の補佐をしながら、官僚と親しくなる。それが終ったらまた党に恩返しで、党の部会長。そのあとに国会の常任委員長をやったり、副大臣になったりと政府と党と国会を行ったり来たり。で、閣僚候補。

閣僚も、一度大臣になって、辞めてから三つ目の内閣のときに二度目の大臣になれるかどうかが肝心でね。これが自民党のトラディショナルな出世街道さ。

しかし、よく特定の役所に精通する専門議員を「族議員」と呼ぶけれど、いろいろなポストを歴任しているうちに本籍地と現住所がわからなくなる政治家が多い。たとえば小泉純一郎の場合、初当選以来ずっと大蔵委員会で、本籍地は「大蔵族」さ。大蔵政務次官もやったし、衆院大蔵委員長もやったから、これで本籍、現住所とも大蔵省になる。

ところが当選を重ねて、最初に入閣したのは厚生大臣としてだった。これで本籍・大蔵省、現住所・厚生省となるわけさ。その後、天敵だった郵政省にも大臣として乗り込み、二度目の厚生大臣も歴任したよね。こうして厚生省に長く関わっていると、だんだん本籍地が大蔵省と厚生省と二つあるみたいになっていった。

昔は役人が自分の官庁を学校にたとえて、「表のPTA会長、裏のPTA会長」なんて呼ぶことがあったけど、それを差配するのがうまかったのが田中角栄元首相よ。どういうことかって？　つまり、表の政策決定の窓口と裏の利益誘導・政治資金の窓口だよ。一つの役所、一つの政策分野に必ずこの二つを配置してあったのさ。たとえば厚生省の場合、表の橋本龍太郎、裏の小沢辰男というようにさ。

こうして官庁に太いパイプを築くことにより、省庁の人材を熟知し活用できるシステムができていることが、何よりの自民党の武器なんだ。

民主党の場合、そういう縦深性のかけらもなかったな。だから公務員制度改革なんて、政治家として自分たちが能力がないから、官僚を叩くって話を論じているに過ぎなかったんだよ。

在日米軍基地はいらない

米軍普天間基地の代替施設の問題は、一九九〇年代後半に橋本内閣で一兆四千億円の資金を用意して、メガフロートの開発を指示し、設置技術が完成した。浮揚式の構造物を海上に浮かべて代替滑走路を提供する案だから、これなら沖縄県側のいう「環境・騒音・安全」という条件もクリアできたはずなんだよね。

しかし、当時の稲嶺恵一知事が、これでは地元に公共事業の資金が落ちないから、反対だと言って、潰れてしまった。こんなのおかしいじゃん。土地を返せって叫びながら、実は裏では利権を求めているようなものじゃないの？

次に森内閣までは例の辺野古周辺の浅瀬の埋め立て案になっていたが、これは埋め立て面積が大きくて、しかもジュゴンがいるとかの理由で環境破壊が問題になり、小泉内閣ではやめた。そして候補は何カ所かあったけれど、結果的に私が目を付けたのがキャンプ・シュワブだ。

もともと沖縄北部には米軍基地がなかったのよ。それで北部振興策とかいろんな資金が政府から流れていたんだが、キャンプ・シュワブだけは実は地元の住民の皆さんの陳情によって基地ができたっていう経緯も忘れちゃいけない。

それでアメリカ側が検討して、地元の強い要請だからと基地をつくることになり、地元ではお祭りまでして喜んだというんだからさ。で、そこの海を百六十ヘクタールに限定して埋め立てて、V字滑走路を作るという私と防衛省で練りに練った案をアメリカがのんだわけさ。

沖縄が今になってそれに反対するというのがどうにも解せないんだ。沖縄の那覇空港も百六十ヘクタールの埋め立てをやるんだけど、ここでは「環境・騒音・安全」というキーワードもいっさい論じてないんだからさ。県民は黙しているわけでしょ？

キャンプ・シュワブ案も同じ百六十ヘクタールで、環境・騒音・安全もクリアしているんだから、問題ないじゃん。にもかかわらず反対というのは、おかしいよな。これはなんとしてでもスタートしてもらいたいし、また実際、やるでしょう。仲井眞弘多知事が最後は認可すると思うよ。

小泉内閣は北部振興策の百五十億円も止めたんだが、第一次安倍内閣で復活してしまったんだな。そのあと民主党内閣が続く間に、振興策はあれよあれよと膨らんでなんと千三百億円になっている。基地移転がうまく行っても行かなくても、お金はいただきますという態度もおかしいんじゃないのかね。

あまり話題にはなっていないけれど、北部訓練場というのがある。これは東京の世田谷区より面積が広いって知ってる？　地主が土地を返せというから、三十ヘクタール残して、あとほとんどを返すことにした。米軍の許可を取ってね。三十ヘクタールのところに直径四十メートルくらいのヘリ・パッドを六つ作って、それ以外は返す。となったら喜んでくれるはずじゃない？

それが、返還に向けて測量しようとしたら、裁判に訴えて測量をさせないんだからさ。測量しちゃうと土地が返ってくる。そうするとそれまで賃貸していた地代が入らなくなるからなのかなあ。どうにも変な話じゃないか。しかも公判がサボタージュに遭って進行しないんだから。その間、地代が毎年二パーセントちょっとアップしている。地主には金が入るんだ。返還されたら跡地は使い道がない。だったらはじめから「返さなくていいから、基地に引き続き使ってくれ」と言えばいいのに、矛盾だらけだよ。

普天間だって、本当は基地を作る前は原野だったんだ。市街地の真ん中に基地がある、学校やマンションが目の前にあって危険極まりないというんだけど、順序が逆なんだからさ。基地ができたあとに日本政府の思いやり予算などもあって、基地による受益を求めて周りに人家が建った、これが沖縄にとっては「不都合な真実」なんだよ。

小泉内閣のとき、普天間の地主に払う基地使用料は年間六十六億円だった。沖縄だけは地代が毎年二パーセント以上アップするから、しょっちゅう売買がある。交渉相手の地主が変るから防衛省は大変だぜ。

土地を買うほうはいくらで買ったって右肩上がりで売ればいいのでペイできる。下手な株や債券の投資よりいいわけよ。ずっと値上がりが続いているから。そして、沖縄の県民所得は全国で一番低いんだけど、基地の労働者の賃金は普通の倍だ。これで基地が廃止されたら、いったいどこで働くのかね。

亀井静香衆院議員が突然、沖縄にカジノを作ればいいと言ったけれど、そんなのを作ったって沖縄まで行く人がどれだけいるの？　北部訓練場もカジノ、普天間の跡地もカジノって、カジノ県になっちゃうぜ。米軍基地の七四パーセントが沖縄にあるというけど、それを全部カジノにするの？　ありえないんだよな。

おっと、忘れて欲しくないのは、キャンプ・シュワブは国有地なんだぜ。つまり、地代ゼロ。これほどいい代替案はないんだよ。県民から見ても、国有地ですでに基地として使っているところなんだから。普天間の地代は、十年ほど前が六十六億円だったから、近い将来七十億か八十億円くらいになっても不思議じゃないよ。

　鳩山由紀夫元首相が普天間問題で頓挫したのはね、こういう複雑怪奇な沖縄の本当の事情を全く知らなかったからだと思うよ。公表していないけれど、実は小泉内閣で、特別交付税などとは別に、新しい交付税を沖縄に出すことまで考えていた。これは水面下の話でとどまったんだけど、たぶん普天間の問題を解決するときにはそれが出てくるだろうな。

地上戦の前にミサイル

　もっと広い視点にたってズバリ言わせてもらえば、基本的にはもう、日本に在日米軍基地はいらないんじゃないかな。いろんな軍事資料を見ても、アメリカにせよ中国にせよ、地上軍をお互い相手国の現地に送り込んでドンパチ正面から雌雄を決する大戦争なんて事態ってのは起きようがないと思うぜ。

　中国が万万が一アメリカに牙をむくとしたって弾道ミサイルで先制攻撃だろうね。アメリカは、中国の作戦行動の兆候を人工衛星などで監視して、先に動いたら直ちに空から叩くということだろうしさ。だから、自衛隊だって、いままさに陸上の大戦車部隊なんかは北東アジアの現実から見ると要らなくなってくるな。

在日米軍基地を使う、使わないの問題じゃなくて、地上軍を送って攻める前にミサイル攻撃でお互い潰し合おうってんだから、基地を置いとく必要は薄れる。アメリカの海兵隊ですら、だんだん存在意義が低下していくんじゃないの。日本はそうするとアメリカの軍事的な傘の下にいるつもりでも、日本周辺での戦闘に米兵は派遣しないよと言われたら、徐々に自主防衛の強化が必要になってくる。実際、ペンタゴン（米国防総省）の極秘レポートを見ると、そういう状態になっているのよ。こういう時代でも自衛隊の存続は必要だよ。

もし北朝鮮がミサイルを発射したら、七分で日本に達してしまう。だから撃つ前に潰してしまうしかない。敵基地を先制攻撃する能力を持つべきかどうか、そういう議論をしたほうがいいね。また、古典的な戦争は起きないとしても、ベトナム戦争でアメリカが後押しした南ベトナムが崩壊したときのように、北朝鮮から日本に数百万人の難民が漂着したりしたら、それだけで日本の社会はマヒしてしまう。

そういうことを考えなければならない時期に来ているんだな。

野党再編の旗頭は誰か？

私は「週刊文春」に二〇一二年からずっと、橋下徹大阪市長はもう人気が出ない、衆院選をやっても三十議席は取れない、政策は全部駄目だって書いていた。橋下氏は自分と意見の合わない相手には罵詈雑言を吐くし、すぐ途中で逃げちゃう。リーダーがこういうことでは、日本維新の会は政権を担うような政党にはなれっこないよ。

大阪府知事としても前任者の太田房江氏のほうがまだ立派だった。府の赤字を減らしていたんだから。橋下氏は国から地方に配分する地方交付税なんか要らないと大見得切っておいて、一方で臨時財政対策債をいっぱい発行したんだよな。実はそれを償還するときは府民税じゃなくて、地方交付税で賄うことになっているんだよ。

つまり、将来の交付税を前借りしているだけに過ぎないんだから、思いっきり矛盾してるじゃん。

大阪都構想だって、年間四千億円の財政効果を生み出すのを目標にしていたけど、昨年八月に発表した財政効果は一千億円以下なんだから。しかもここには市政改革プラン、市営地下鉄の民営化、ごみ収集の民営化など都構想と関係ないものも含まれている上、移行経費として最大六百四十億円かかるというんだから、収支は結局マイナスじゃんかよ。

日本維新の会、大阪維新の会は自民党にとって組むべき相手ではないね。公明党もとりあえず大阪では維新に乗っかったほうがいいといってやって来たけど、維新が堺の市長選にも負けて、都構想も大したことはないと分析したら、維新から離れ始めたんじゃない？

もし公明党が離れたら、大阪市でも維新は何もできない。だから安倍自民党が維新に頭を下げる必要なんかないね。

維新の平沼赳夫国会議員団代表と安倍首相が会食したというニュースもあったが、あれは平沼氏側のお願いじゃないの？　自分たち旧太陽の党系が維新の中で置いてきぼりにされかねないので、安倍さんには橋下氏側とは手を握らないでくれという気持ちなんだろうね。最後のあがきよ。

石原慎太郎氏とか平沼氏とかは、もう時代から外れた政治家集団だから、安倍内閣の先行きを見た場合に、彼らと握手するのは凄くマイナスよ。そもそも離党した郵政民営化への造反議員を復党させた第一次安倍内閣みたいになってしまうから、維新の平沼グループを切り離して提携や吸収合併なんかしちゃ駄目だと思うな。

野党再編の先を見通すと、維新の会は東京と大阪の二つに分裂するだろう。みんなの党の江田憲司氏も渡辺喜美代表と決別し、党が分裂した。民主党も一部が党を割るかもしれない。国民の目からすると、健全な野党がないと危ないんだけどね。

それは安倍内閣にとっても大事。日本版NSC（国家安全保障会議）を作るとか、国家公務員法を改正するとかいうときに、安倍内閣も耳を傾けなければいけないような、ちゃんと物申す野党がいたほうがいい。といって、三年三カ月の政権担当期間に百名以上の造反者や離党者が出た民主党のような烏合の衆の野党じゃあしょうがない。トウガラシのようなきりっとした責任野党を再編でつくるべきだね。

その場合、私は野党再編の旗頭にするには、野田佳彦前首相がいいとひそかに思っている。野田さんは前原誠司氏などと違って、自分で草刈りして支持を集めるタイプではないのが欠点だけど、民主党の鳩山、菅、野田の三内閣を見ていて、野田内閣が一番だと思ったな。

政策も自民党に近くて、七割くらいは重なるし、社会保障と税の一体改革に関する三党合意をまとめた実績もあるでしょ。あれは首相の座を投げ出してでも、将来の子供たちのためにやるべきことはやるという選択だった。

それでも身を捨てて合意まで持って行った行動パターンを見れば、野党の最高の旗頭として復活する可能性はあると思うよ。

官邸のマスコミ対策

私は長年、議員秘書をやったけど、俗に言うマスコミ対策なんてやったことがないのよ。よく、小泉内閣のメディア操縦もお前がやったんじゃないかと言われるけれど、とんでもない誤解だな。そもそも首相秘書官がマスコミに接するのはよくない、というのが私の考えなんだから。だから小泉内閣の五年五カ月の間、飯島番の記者なんか一人もいなかったはずさ。

危機管理上、事務担当の首相秘書官とか特命チームの参事官がいて、一人でいくつかの役所を担当しているんだから、記者に対応するのはあくまでも彼らだよ。その代り、何々新聞の誰からこういう取材がありましたという情報は毎日もらっていた。全体を見ながら「この件を他の秘書官にもすぐ連絡して、こう答えたと周知徹底してくれ」と指示する。そうすると横並びで秘書官のコメントも金太郎飴になり、対応が一貫するでしょ。

しかし私も一度、お前は喋りすぎだと言われて腹を立てたことがある。田中真紀子外務大臣を更迭したときさ。夜遅く、福田康夫官房長官から「福田だけど、どこかから取材に来てる?」って電話がかかってきた。「週刊文春、朝日新聞、あと一社、来ております」と答えたら、「全部受けてね、頼む」と言い捨ててガチャンと電話を切られた。だから、三社まとめてグランドプリンスホテル赤坂にあったカフェ「ポトマック」で取材に応じたんだ。

その記事が新聞に出たら、自民党の国対がカンカンになって怒ってる。喋り過ぎだと言って、予算委員会か何かで問題にした。すると、福田官房長官も、「飯島は秘書官のくせに喋りすぎだ」と責任転嫁だよ。自分が取材を受けろって命じておいて非難するんだから。冗談じゃないよ、これ。官房長官が言って来たから受けただけじゃんと逆ギレしたことがあったが、これは例外。

マスコミ対策について私がものを言うとしたら、公開の原則が大事だということさ。それから、マスコミはどんな媒体であろうと、取材して質問する権利がある。最高裁の判決で、記事には一〇〇パーセント裏を取らなければいけないとは言っていないからね。真実だと信じるに足る根拠があれば、報道することを認めている。速報性も必要だから。そこを理解しておいて情報を公開する義務がある。

一方、政権のほうでマスコミを、利用するというわけじゃないが、活用して情報を知らしめることも必要だ。そのとき自分に不都合な話は口にチャックして、都合のいいことだけ喋るというのは良くないぜ。不都合なことをどれくらい説明して、逃げ切るわけじゃないけれども、どのくらいそれでわかって貰えるかというギリギリのところが大事なポイントだね。

私が首相秘書官のとき、年金保険料の未払い問題があって、実は小泉首相も未納の時期があった。そんなことで小泉に頭を下げさせるわけにはいかないから、私が記者会見をやって説明したんだよ。

民主党がちょうど代表選をやっていて、小沢一郎氏は大事なときに私の記者会見をぶつけられて新聞はそっち一色になった、飯島にやられた、とぼやいたそうだが、こっちには関係ないね。しかし、いかにタイミングを計って情報を発信するかが大事なんだ。

逆にマスコミを利用したのは、小泉の第一回訪朝のときさ。その前年、最高指導者だった国防委員長の金正日の長男、金正男が偽造旅券で日本に入国していた事件で、金正男を早々に北朝鮮へ帰してしまった。これはマスコミに叩かれたんだが、叩いた記者でも北朝鮮への同行取材を認めるかどうかというのをメルクマールにしたのよ。

私は雑誌協会の会長をやっていた日刊ゲンダイ（当時）の二木啓孝《ふたつきひろたか》さんに電話して「三

社だけ同行していい。できたら一番こっぴどく小泉内閣を叩いてきた社から行ってもらうといいよな。人の選定はそっちに任せる」と言った。こういう活用法はあるわけよ。

批判したところは排除するというやり方をしがちだけどね。あの社は俺の悪口ばかり書いているから出入り禁止だとか。こういう単純な対応は絶対しちゃいけない。それが私のスタンスさ。もちろん、全面的に間違った報道だったら、名誉棄損で法的手段を取るのもやむを得ないけど、出入り禁止というのはおかしいよ。

「官僚人事」やり過ぎは禁物

安倍晋三首相は消費税増税問題も決着させ、(二〇一三年)十月十五日から秋の陣の臨時国会に満を持して臨みたいところだったけど、いやー、心配のタネが出てきちゃってさ。国家公務員法等の改正案だよ。

各府省の次官、局長はおろか審議官級以上の六百人の幹部官僚の人事を首相官邸で一元的に管理するという構想さ。その実務を担当する内閣人事局も新設するって言うんだよな。「闘う公務員を創る」って何だか掛け声も勇ましいんだけど、これ、無理だね。だいたいね、今も局長級以上の人事は官邸主導なのよ。任命権は各大臣にあるから、異動の原案は各府省が作るけど、官房長官と三人の官房副長官で構成する人事検討会議で了承されないと閣議にかけられない。

官邸には拒否権があるわけさ。だから、この夏だって、安倍官邸は各府省人事にあれこれ口出ししたじゃん。厚労事務次官に冤罪事件の被害者だった村木厚子さんを予定より一年早く抜擢するとか、外務次官を一年も経たずに代えるとか。

今だってやればできるのよ。政権基盤が安定して官邸に求心力があれば、自然に各府省ににらみが効く。そこが大事なんであって、内閣人事局に幹部候補者の名簿をそろえて適格性審査だの公募だのやるって言うんだけど、冗談じゃないぜ。

人事ってのは紙に書かれた経歴や試験の成績だけ見てやれっこないだろ。その時々の政策課題の状況に応じて、誰に担当させるのがベストか。相手の性格とか、人間性までじかに接してつかんでいなければ、適切な配置などできないよ。

官邸に入る政治家がどんなに有能でも、審議官以上を全員、顔と名前まで一致させて的確なポストに就かせる芸当ができる人物などいないね。ノンキャリアの官僚まで含めて四十年、霞が関の隅々まで付き合ってきた飯島以上に官僚を熟知しているって自信がある政治家は、名乗り出て欲しいな。内閣人事局には、中立・専門的な立場から給与改定勧告を行うなど、公務員の人事管理を担当してきた人事院や、総務省の関連部局の機能も大幅に移すらしいけど、そりゃマズイゼ。

人事局長は官房副長官の一人が兼ねるから、結局、人事局は官房長官が統括するわけよ。給与問題まで人事局が扱うなんて言い出せば、組合交渉も官房長官が最終責任を負わざるをえないよな。ただでさえ超多忙な官房長官が持つわけない。何でもかんでも官邸主導がいいってもんじゃないのさ。

人事院の中立性みたいなものを壊し、政治が官僚人事に深く入り込み過ぎると何が起きるか。官僚は自分の大臣と官邸のどちらに仕えているか曖昧になる。能力もないくせに時の官邸に色目を使い、政治的にうまく立ち回って出世しようとするやつが出てくる。ゴマすりが横行し出せば、終わりだよ。大事でも日の当たらない仕事は誰もやらなくなるぜ。

安倍内閣がしっかりやっている間はいいのさ。でも、万が一また政権交代でもしてごらん。官邸主導で良かれと思ってこしらえた内閣人事局が訳の分からない政権に悪用され、雇い主である国民から見てとんでもない霞が関瓦解を招きゃしないか。

一つの内閣は一時の存在だけど、日本国政府は永遠に続くっていう自覚を政治家は持たなきゃダメさ。どさくさに紛れて首相補佐官の増員や大臣補佐官の新設まで法案に盛り込んでいる。国会議員も兼務できるってんだけど、黒子に徹しなきゃいけない補佐官に、選挙民に説明責任を負う政治家はなるべきじゃない。これも愚の骨頂さ。いやー、心配でしょうがないね。

イチロー選手「幻の国民栄誉賞」

世間では二〇二〇年の東京オリンピック、パラリンピックに関心が集中しがちだけど、政治家はもう一つ、大事なことを忘れちゃいないかな。

それは知的障害のある人たちの国際スポーツ組織「スペシャルオリンピックス」さ。折しもキャロライン・ケネディ新駐日米大使が赴任したけど、故ジョン・F・ケネディ米大統領の妹さんが創設者で、ケネディ家が深く関わってきた。そんな形で社会が置き去りにしがちな人たちを支えているのさ。

国際社会では本家の五輪以上。王室や大富豪経営者などもこちらに手を差し伸べるし、認知度も高いぞ。「ス」がつくのは四年に一度の大会に限らず、年間を通して世界各地で様々なイベントを開くからなんだ。

でも、我が国じゃ五輪絡みで宣伝を画策する企業は多いが、スペシャルオリンピックスは一〇〇パーセント、忘れられちゃっているのが実情じゃないかな。ちょっと、おかしくない？

小泉純一郎元首相は総理在任中の二〇〇五年、長野で開かれた冬季世界大会の開会式に出席し、開会宣言したんだよ。スペシャルオリンピックスの選手やスタッフたち二百人を官邸に招いたのも、歴代で小泉内閣だけだからね。

かく言うオレも、姉がマラソンの代表選手を志し、応援を楽しみにしてたんだけど、国内の地区予選であえなく負けちゃってさ……。身内がそんなことだから、陰に陽に色々お手伝いはさせてもらったんだけどね。

オリンピック、パラリンピックの所管は文部科学省。スペシャルオリンピックスは厚生労働省なのよ。内閣官房に五輪推進室ができて、経産省出身の平田竹男参与が室長になっただろ。文科省や農水省は専任の出向者がいるらしいけど、厚労省はいないっていうんだな。もっと目を向けてほしいね。

安倍晋三首相は長期政権間違いなしだ。あわよくば二〇二〇年まで頑張るかも知れないよな。だったら、オリンピック、パラリンピックに合わせ、スペシャルオリンピックスも一部競技で構わないから東京開催を検討してもらいたいよね。

今度の五輪招致で宮城県出身で女子走り幅跳びのパラリンピアン、佐藤真海さんの渾身のプレゼン演説が国民の胸を打ったよな。でも、忘れられていると言えば、車いすテニスのプロ選手、国枝慎吾さんも、もっと評価してあげなくちゃ。

パラリンピックのシングルスで金メダル二個、ダブルスでも一個取っているんだぜ。おまけに世界の四大大会を制覇する年間グランドスラムだって達成している。世界的な知名度は抜群だよ。最近は金メダル取ればすぐ国民栄誉賞だ、総理大臣表彰だって時の首相も動くけれど、何で世界最強の国枝さんには何にもしてないのかね？　オレも外国の友人から「イイジマ、何でなの？」って聞かれて弱っちゃうよ。

まあ、国枝さんもメジャーリーグのイチロー選手と同じ理由で「無冠の帝王」なのかも知れないけどね。今だから言うけど、実は小泉首相はイチロー選手に国民栄誉賞を贈ろうとしたことが二度あったんだよな。

官邸で仕事していたら「飯島秘書官、鈴木さんからお電話ですが」って言われて誰だかわかんなくてさ。受話器を取って「どちらの鈴木さんですか？」と聞いたら「鈴木一朗です」って名乗るんだから、参ったよ。

「大変名誉なお話ですが、現役の間は賞はいただくわけに参りません」ということで、きっぱりと辞退されたのが真相さ。さすがプロだね。政治家も人気取りはほどほどに、目を向けるべきところに向けて欲しいな。

産業競争力会議の困った面々

首相官邸の政策会議に経済人や学者が本格的に加わるようになったのは、小泉純一郎内閣の経済財政諮問会議からだよな。多様な領域を代表する民間有識者の意見をしっかり聴くのもこれ、まつりごとだからね。

でも、アベノミクスの「第三の矢」である成長戦略を推進する産業競争力会議はいただけないぜ。事務方の経済産業省の諸君にはしっかりしてもらいたいよ。

民間議員はあくまで「有識者」として専門的な知見を披瀝すべきもの。間違っても自分の業界利益を代弁する卑しい振る舞いがあっちゃならない。それが何よ、竹中平蔵慶大教授が「学者」としてちゃっかり入っているけど、実は人材派遣のパソナグループ会長なんだからね。

「首切り特区」構想を持ち出したり、補助金の使い方も雇用を守るより、転職支援にどんどん回すとか、しっかり労働市場の流動化の旗を振っているらしいな。

それで企業の競争力を向上させ、成長率アップだって言うけど、冷めた目で見りゃ要は人材派遣会社の業績が大きく伸びる方向じゃないの？　大いに疑問だぜ。

もっと唖然としたのはインターネット通信販売の楽天の三木谷浩史社長よ。医薬品のネット販売解禁を強力に唱え、全面解禁まで行かないと「オレの意見が通らないなら競争力会議の議員を辞める」ってんだから。

要は会議に悪乗りし、露骨に自分の業界への利益誘導をおねだりしてるだけじゃん。まるで「民間族議員」じゃない？　二〇一三年一月に会議に入った後、気に入らないことがあるたび「じゃあ辞める」と騒いで官邸を慌てさせてきた御仁だからさ。

しかも政府の会議だけじゃない。一一年六月には経団連でも「発送電分離に否定的で、電力業界を支援するだけの組織は許せない」と叫んで脱会しただろ。誰も止めなかったらしいけど。それでネット企業中心の新経済連盟を旗揚げした。

まだあるぜ。経済団体のもう一方の雄、経済同友会も一三年九月に「方向性および哲学が全く合わないから」と言い捨てて脱会してるんだよな。これも止める人は一人もいなかったみたいだね。

政治家も経営者も、大組織のトップに立つ人間は自分と相反する意見にどれくらい耳を傾け、決断に生かすかが本当の勝負じゃないのかな。小泉元首相だっていつも孤独に決断を下したけど、その直前まで反対意見をとことん聴いたよね。

起業家ってのは技術力とか生産性とか、手元に裏づけがあって会社を起こすものだよね。だけど、ＩＴ企業の連中はそういう本来の経営者とは異質だな。ちょっとしたヒント一つで会社がどかんと大きくなるから。

考え方が自分と合わないのは許せない、だったら辞める、の一本調子で生きてきた三木谷氏の人間性を見ると、多種多様な世論をにらみつつ、全国民のために行政を進めなきゃならない政府の公の仕事には不適格といわざるを得ないぜ。

医薬品ネット販売は関係閣僚が深夜まですったもんだして、九九・八パーセントまで解禁するんだから。三木谷氏は「一〇〇パーセントじゃなきゃ辞める」と息巻くけど、何と解禁されない五品目のうち、四つまでが「勃起障害等改善薬」だって知ってる？「最高裁まで徹底的に争う」って大見得切るのもいいけどさ。その最大の理由が実は「勃起」だなんて、こりゃ腹抱えて笑ったぜ。密かにネット販売を待望している諸兄には悪いけどね。

規制改革の後退とか、安倍内閣に打撃とか新聞も真剣に論じているけど、ちょっと恥ずかしくない？　三木谷氏のヒット作だな、勃起で辞任って。

園遊会のあり方を考える

天皇、皇后両陛下が主催された二〇一三年秋の園遊会の話だけどさ。山本太郎参院議員のトンデモな言動ばかりにスポットが当たっちゃったけど、山本議員には皇室行事を辞退させるだけじゃなく、政府の式典にも永遠に招待するなって言っておくぜ。

実はオレも内閣参与ということで、列席させていただいたんだ。同年春も色々とお手伝いしている西アフリカのシエラレオネ共和国と東欧のコソボ共和国の名誉総領事という肩書で、在京外交団の枠で招待をいただいたから、二度目よ。

当日は赤坂御苑に二千人が招かれ、オレも両陛下にお目にかかれるという最高度の緊張感を持って臨んだんだけど、宮内庁はこの辺で園遊会のやり方の見直しを検討すべきだな。

両陛下は並んでいる招待客の前をずっと歩いて回られるんだよ。テレビカメラが映す両陛下と長嶋茂雄氏など著名人との会話はあれ、ほんの一部なんだからね。何しろ二千人。庭園の歩きにくい砂利道を約一キロ、二時間以上かけて歩かれる。アップダウンもある。

皇后陛下は頸椎から来る神経性の痛みを鎮痛剤で抑えながら公務を遂行されていると聞

く。ご高齢でやはり体調万全ではない天皇陛下と互いに労《いたわ》りあわれながら、ずっと回って行かれるそのお姿。拝見していると何ともいたたまれないような気持ちだったね。

　ひとまず体は健康で、招待客の中では多分最も若い部類の六十八歳のオレだって、長時間緊張して立っているだけで結構辛いのよ。

　今回もオレの隣にいたご高齢のきれいな和服のご婦人が突然、卒倒するハプニングもあったくらいだからね。いやー、両陛下の体力的なご負担はいかばかりだろうかと心配でならないぜ。

　率直に言うけど、両陛下をあんなに延々と歩かせてはいけないんじゃないのかね。両陛下がずっと巡回されるのでなく、招待客が順繰りに両陛下に拝謁して通り過ぎていく方式に改めてはどうなの？　これ、両陛下をお支えする宮内庁の仕事さ。いつまでも前例踏襲だけじゃあ話にならないよ。

　もう一つ驚いたのは、皇太子妃の雅子さまのご欠席だよ。調べてみると、ここ十年ほどは適応障害という病名で、体調の不良を理由に春も秋も園遊会には出席されていないようだね。

　オレは身内の関係もあって、日本精神科病院協会のアドバイザリーボードの一員でもあるもんだから、精神科の専門医からも色々な話を聞く機会が多いんだけどさ。

雅子さまの現状を見ていると、病名はともかく、「もしかしてあれは甘えではないのか」という批判が浮き沈みするのもうなずけないことではないよな。次代の皇后陛下になられるお方だからね。象徴天皇制と我が国の明日に思いをはせると心配でたまらないぜ。

皇后陛下が痛みで苦しんでおられるのも、そこには精神的な負担が影響されている可能性もあるんじゃないかと考えると、ますますこの問題は放っておくわけにいかないんじゃないの？

主治医が就いて十年たっても、なかなか目に見える回復の手応えも出ていないみたいだろ。ここは一日も早く主治医を交代させ、医療チームを改変する時期が来たということじゃないかな。

この目に焼き付いた両陛下のあのお姿を思い出すにつけ、ご苦労、ご心痛の大本にあるものは何だろうと諸々考えてみるんだよな。

その中に皇位継承の将来に渡っての安定もあるのは間違いない。皇室典範改正は小泉内閣の最後に取り組もうとしてさたやみになった経緯があるけど、政治が忘れちゃならない課題だよ。

特定秘密保護法案に反対した民主党の愚

二〇一三年の臨時国会（二〇一三年）では、オレは最初から案じていたけど、案の定、自民党の国会対策がイマイチだったたな。短い会期で法案や条約を欲張って出しすぎで交通渋滞だろ。カレンダーをしっかり描いていないから、法案の成立率は九割近かったけど、大事なものが積み残しになっているね。

特にトルコやアラブ首長国連邦（UAE）との原子力協定の承認が先送りになりかねないと聞いて、呆れたぜ。オレも裏で汗をかいたトルコへの原発輸出はいったい、どうするの？　アベノミクスの成長戦略の柱がこれじゃ話にならないぜ。

だいたいね、この国会は「成長戦略実行国会」にするって安倍晋三首相も胸を張っていたはずだろ。

それなのにいつの間にか成長戦略の「せ」の字もない国会になっちゃった。メディアも特定秘密保護法案への反対論一色に染まってしまって、これじゃ「特定秘密国会」じゃん。「平成の治安維持法」なんてレッテルを貼られて、マズいよな。

挙げ句の果てに、衆院の国家安全保障特別委員会の出口では、現政権になって初めての強行採決だって野党が大騒ぎする始末さ。

民主党の海江田万里代表の顔を久々にテレビで見たな。「しっかり議論を尽くせという声を押し切ったのはとんでもない。暴挙に怒りを禁じ得ない」とコメントしていたけれど、とんでもないのは民主党の方だぜ。

特別委から出てきた民主党議員が「これで民主主義も終わりだ」なんて悲愴感漂わせていたけど、チャンチャラおかしいよ。強行採決を憲政史上、稀に見る勢いで連発して啞然とさせたのは当の民主党。あの鳩山由紀夫内閣だったんだから。

二〇〇九年の臨時国会では最大野党の自民党欠席のままでの強行採決が六回もあったのよ。一〇年の通常国会では野党の制止を押し切っての強行が六回に、自民党欠席のままが三回。政権交代直後の鼻息で、まだ衆参ねじれでもなかったから、ゴリ押しの連続だよ。

忘れたとは言わせないぜ。一度は与党を経験したんだから、少しは大人になるかと思えばだな、相変わらず万年野党に先祖返りの振る舞いじゃ話にならないよ。

しかもだ、国家として秘密保護法制が必要だって号令して検討を始めたのは誰だったの？　菅直人内閣で仙谷由人官房長官が旗を振って動き出したんだろ。

きっかけは一〇年九月、尖閣諸島での海上保安庁の巡視船への中国漁船の衝突事件だったじゃん。民主党政権の余りのドタバタと弱腰ぶりに、一海上保安官が思い余って真相を撮影したビデオを流出させた。

義憤にかられての行動だったのに、仙谷氏は彼を頭から「犯罪者」呼ばわりし、国家公務員法の守秘義務違反で懲戒処分。書類送検までされてやむなく本人から辞表提出だよ。起訴猶予になったけどね。この一件を教訓に秘密保護法制が不可欠だって騒いだのは民主党自身だろ。いまさら何よ。

さすがに決まりが悪いもんだから、民主党内では仙谷氏を処分しろって息巻いている連中もいるらしいね。落選した人間を今から処分したって意味ないぜ。

本当はトウガラシみたいにピリッと辛口で存在感のある責任野党がないと、安倍内閣にも緊張感が欠如してよくないんだけどね。

万年野党気分で大衆迎合的に反対反対を言っておいてさ。もし万万が一だよ、将来、民主党が再び政権の座に就いたらどうするのかね？　自民党政権が通した法案だからって全部廃止法案出すの？　まったく開いた口がふさがらないぜ、民主党。

第二章　外交の急所——日中・日韓関係、拉致問題、領土問題

日中、日ロ外交を展望する

オレが(二〇一三年)五月に北朝鮮を電撃訪問した後、日本人拉致問題はどうなった、進展がないって? じゃあ、早速、外交を論じようか。

はっきり言って、オレが金正恩指導部とやり合ってきて、日朝間では実務者協議はもう終わっているのよ。

長いこと扉は開かない。互いの言い分は知り尽くしている。安倍政権のスタンスも飯島が本音でズバッと突きつけてきた。それを外務省が「改めて実務者協議を」なんてやっても意味ないね。もうトップ同士でカタつけるしかないのさ。

もう一つ、率直に言わせてもらうぜ。米朝関係の進展がない限り、拉致問題も解決しないな。核開発・ミサイル・拉致の三つの問題は完全にセットだからね。「日本の拉致問題だけ先行解決」はありえないんだよ。

オバマ政権はシリア問題に忙殺されてきただろ。一段落して米朝協議に乗り出すのをオレも今や遅しと待っているんだ。米朝が進み出せば、全面解決に時間はそうかからないはずだから。

残念なのは、その辺の機微も分からず「私こそ拉致問題の理解者だ」って決起集会でパフォーマンスするだけの政治家が多いことだね。ブルーリボンのバッジを胸に着けてさ。犬の遠吠えじゃあるまいし、北朝鮮と直談判でも何でも自分でやってこいと言いたいよ。オールジャパンで取り組むって言うけど、安倍政権で平壌まで乗り込んで金正恩指導部と渡り合ってきたのはオレ一人じゃないの？　こちらが行動すれば、批判ばかり。交渉チャンネルもない者が口だけうまくて、見ていて情けないぜ。

まあ、問題が解決しないことで得する連中も大勢いるからね。どこの政府機関とは言わないけど、拉致事件が未解決のままである方が組織防衛上は好都合ってところがあるのも事実だな。

オレが見据えているのは日朝関係だけじゃないぜ。（二〇一三年）七月半ばに北京も訪問したのさ。中国の最高指導者である習近平共産党総書記に極めて近い人物と、腹を割った意見交換をしてきたよ。

オレに言わせれば、日中間に「外交」なんかないんだよ。本質はお互いの内政上の権力闘争のぶつかり合いなんだよな。その延長線上に日中関係はあるのさ。

例えば、二〇一〇年秋に尖閣諸島問題から中国で反日デモに火がつき、日中関係が危機的な雰囲気に陥ったね。この時も中国指導部は「ポスト胡錦濤」を巡る暗闘のさなかだった。習氏が共産党中央軍事委員会副主席に就き、次の最高指導者の座が確定した途端、反日運動は収束したんだよ。

今も習体制はまだ盤石じゃない。暗闘は尾を引いていて、オレの感触では政治局常務委員クラスの重要人事が十月にもありうる。その辺が見えてこないと、日中首脳会談も煮詰まらない。

オレが動いたので、外務省が慌てて中国外交部に頼みこみ、報道官に「飯島訪中は中国政府と何の関係もない」とコメントさせていたけど、当たり前だよな。

外務省と中国外交部で事務レベル協議を重ねて首脳会談をセットしようなんてあがいてもダメなんだよ。せいぜい、カウンターパートは王毅外相だろ。彼だって公務員でしかないんだからさ。オレの相手方はそんな小役人とは訳が違うぜ。

共産党指導部の下にある国なんだから、習総書記のインナーサークルに食い込むきっかけをどうつかむかが大事なんじゃないの?

首脳の発言要領とか、会談後の共同声明案を官僚が詰めて、逆算すると会談時間は何分、なんて「そんなボトムアップでお膳立てする首脳会談は意味ない」ともはっきり言ってきたよ。

様々な問題を抱えていても、トップ同士でまず会うことが肝要だと。合意できること、できないこと、将来に任せることを仕分けしながら本音をぶつけ合って、何度でも筋書きのない首脳会談を開けばいいだろうと。

それを「××しないと約束すれば、首脳会談してもよい」なんて条件闘争に持ち込まれているようじゃ、外務省も話にならないぜ。

安倍首相は毅然として安易に譲らない姿勢が大事さ。オレは「首脳会談まで二年かかろうが五年かかろうが知ったこっちゃない」と平気で中国側に言ってるもの。

小泉純一郎首相の時は、対中外交では「政経分離」だった。靖国神社への参拝問題で断固、譲らなかったので、日中の政治関係は冷え込んだわな。小泉首相は経済、文化、スポーツはどんどん交流を進めればいいと割り切っていた。

北方四島は「帰属」の確認を

しかし、安倍首相には「政経一体」で外交を展開してもらいたいね。中国もそうだし、ロシアに目を転じても、プーチン大統領もどうやら政経一体で臨んでくるフシがあるからさ。

これまでは北方領土の四島返還だ、いや二島先行だという議論になりがちだった。だけど、民間の土地の権利紛争と同じで、まずは登記簿謄本を見てどちらに所有権が帰属しているのか、話はそこから始めればいい。

別項で詳しく述べるけど、択捉島と得撫《ウルップ》島の間に国境線を引いた一八五五年の日露通好条約に立ち戻るのさ。「返還」の前に、四島は日本固有の領土だという「帰属」でプーチン大統領から確認を取る。これなら百点満点のアプローチさ。首相もその構えだ。早く返還しろと言ったって、もう七十年近く、ロシア人も定住しちゃっているんだから。プーチン大統領はシベリア開発を日本の全面協力で推進したいのが本音だから、ここは政経一体の土俵でウィン・ウィンのシナリオを描くしかない。

オレの夢は、シベリア鉄道を海底トンネルで北海道までつなげることさ。スエズ運河とマラッカ海峡を通る南回りの海路だけでなく、北回りのロシア経由で欧州まで結ぶ貿易ルートを開く。アジア全域から物資が日本を中継してシベリア・ルートで流れれば、地政学的なインパクトも大きいよね。

もう長期政権は間違いない。中国も北朝鮮もロシアも安倍首相との大勝負を避けて通れないんだよ。だから今、日本との関係で思案したり、悩んだりしているのは実は相手国側さ。首脳外交で攻め続ける絶対条件は、高い内閣支持率を維持すること。そこは参与として片時も忘れていないよ。

北朝鮮訪問記①

これね、安倍首相自身の言葉で、一億二千万の国民に対して、「私の内閣で拉致問題は必ず解決する」と断定的なことを何回も発信しているわけよ。じゃあその安倍内閣で現実の北朝鮮外交はどうなっているかといったらだよ、圧力をかける、制裁をする、これだけなんだから。こんなのどう考えたって、実際に解決に至るような手法ではないわけだよな。

首相も菅官房長官も、朝鮮総連や北朝鮮についてはあらゆる面で懐疑的であり、信頼できないという気持ちが染みついちゃってるね。もちろん日本国民も、北朝鮮という国名を聞いただけで反射的に、あまりいい気持ちにならないというところまで感情は悪化している。こういう環境で、小泉首相の二〇〇四年の第二回訪朝のあと約十年、まったく北朝鮮の扉が閉じてしまい、どんな協議を試みてもなかなか開かなくなっている。これが現実でしょ。

安倍内閣が「完全に解決する」と大見得切った以上は、誰がどうやってその扉を開けさせるかがテーマになってくるわけさ。国会議員がそろいもそろってさ、拉致被害者の救出活動を象徴するブルーリボンのバッジを胸につけて家族会の集会で「北朝鮮けしからん」と口だけ決意表明したって、うまく行くわけないじゃん。あのバッジは役に立たない政治家の象徴だって私は悪態をついているけどね。

じゃあどう考えたらいいかって？　この十年間で、北朝鮮も日本もアメリカも中国も、お互いの主張はもう言いつくしているんだよ。何回も何回も同じやりとりをしてきた。ミサイル・核問題も、拉致問題も、この状態となっては、もう事務的な協議じゃなくてトップ同士で片を付ける以外にない、これが私の基本的な見立てなのさ。

たまたま内閣参与になって、私の捉え方としては、トップ同士の話に持って行くためには、この十年間の外交交渉をある意味、瓦解させてしまうのが一つの手だと考えたね。外務省の局長レベルの事務協議とか、そういうのは一切ダメよ。

内閣参与である私自身ができる限りトップに近い北朝鮮高官と直接、会談する。そして日本のスタンス、安倍首相から直接、伝えられた基本方針をビシッと話す。ここまでやらなかったら、絶対意味がない。

局長レベルの事務的なやり取りではしょせん中途半端なアリバイ作りの交渉にしかならないのよ。そうじゃなくて、私が出向いて、平壌で最高指導者の金正恩第一書記とは言わずとも、形の上での国家元首クラスに会えれば、その後、アメリカにしても中国にしても、韓国、日本も、中途半端な局長レベルの会談は、もうみっともなくて開けるわけがないでしょ。

首相特使でもない、首相親書も持たない私がただの裸一貫で交渉することが可能だってことを世界に見せつければ、過去十年間の事務レベル交渉はもはやナンセンスになる。

そういう考えで、いろんな筋から当たったら、飯島訪朝と国家元首クラスとの会談は実現可能性が高いぞという話になってきた。

ところが、官房長官と首相にこの秘策を説明しても、当初は「いくら向こうが会うと言っていても、実際には会えないだろう、無理だ」という反応で、全く信用してくれなかったんだな。北朝鮮高官に会えるから来ませんかと言われて飯島が騙されているだけだというのさ。そう思いたくなる気持ちはわからないではなかったけどね。

金正恩暗殺未遂事件

そこで私はBSフジの「プライムニュース」に二十分間、生出演したわけさ。反町理キャスターに「内閣参与の飯島さんは現状において北朝鮮をどう見ていますか」と質問され、

「昨年（二〇一二年）十二月二十六日、日本で第二次安倍内閣が誕生した。その日に、北朝鮮では金正恩国防委員会第一委員長の暗殺未遂事件が起きたんです」

と暴露したんだよ。何を言ったらいいかと散々悩んだ末、こうぶち上げて北朝鮮の反応を見れば、実際に高官に会えるかどうか感触がつかめるなと考えて、質問してもらったわけさ。

そしたら反町氏が「ええっ、それ本当ですか」と言うから、

「本当です。二十六日と二十七日に平壌のダウンタウンで軍と軍の激しい銃撃戦があったんです。二十七日には、平壌の五カ所にある金正恩の住居の一カ所ごとに戦車数十台の警備がついた。こういう状態ですから、高官たちも悩んでいる可能性が高いですね」という話まででした。

それから、北朝鮮が一三年の一月十日頃には弾道ミサイルを発射すると韓国では分析していたんだけど、これは間違いだって分析も断定的に披露した。

「北朝鮮はどんなことがあっても日本の国土に着弾させることは絶対しません。アメリカ軍が回収できる洋上に着弾させるくらいのことはするかもしれないけれども、基本的には撃ってきませんから日本国民は安心してください」

と言ったわけだ。

こういう発言を北朝鮮はもちろんチェックしていて、それでも訪朝すれば、国家元首クラスでナンバー2の金永南最高人民会議常任委員長に会わせるから、と伝えてきた。そこで官房長官と首相に、改めて北朝鮮へ行かせてくださいと、こう説得した。

「窓口として応対するのは金永日労働党書記です。ナンバー2の金永南氏まで必ず会う手筈になっています。こちらの言うべきことは、小泉内閣と変わらない三項目で行きます。一つ目は拉致の被害者全員を即刻日本に帰国させること。二つ目は何故拉致をしたかという真相究明をすること。そして三つ目は、拉致実行犯全員の日本への引き渡し。これだけは何としても変えません。

そして拉致問題が解決するまでは、国連の人道支援は別にして、日本から北朝鮮へいかなる支援もする予定がないこと。それから、東京の朝鮮総連中央本部ビルの売却問題は、一切政治的に関与すべき事案ではない。これが私のみるところの安倍内閣のスタンスではないでしょうか。

各国の指導者が、北朝鮮、中国、韓国、日本とこのところみんな変わったんですから、仕切り直しでトップ同士で会うべきであって、事務レベル協議をしている場合ではない。

日朝も首脳会談を開くべきだという話をしに行きます」

「ただ、国会開会中でもありますんで、飯島の訪朝については首相も官房長官も一切ノーコメントを貫いていただきたい。途中でこれはおかしい、まずいと判断したら、あるいは私が帰ってきてから、報告内容を見て駄目だと思ったら、内閣参与を即刻クビにしていただいて結構です。もしも報告の内容に少しでも光を感じたら、出張扱いにしていただけるとありがたい」

安倍官邸がじゃあ行ってください、こちらは知らないことにしますからということで、私は一三年五月に訪朝したわけだ。

通常、平壌に行く使節団は日本から北京経由で平壌までの航空券を取得したうえで、北京の北朝鮮大使館でその航空券を見せてビザを貰う手順に決まっている。しかし北朝鮮大使館の前は各国の情報機関などが二十四時間見張っているから、私の顔がわかったら、そこで情報が洩れて訪朝を潰されてしまうでしょ。だから北朝鮮大使館には行かない、と。かといって、北京の高麗航空（北朝鮮の国営航空）のカウンターに行っても航空券もビザもなしでは平壌行きの飛行機に乗れない。

航空券を買おうとしても、その段階で名前が韓国の情報当局に知れてしまうし、空港の関係者だって乗客名簿を陰で売るようなことがありうる。飛行機に乗って平壌へ出発するまでは情報が漏れることは絶対に避けたい。

そこで、飛行機が離陸する直前に日本人が二人（私と通訳）、高麗航空のカウンターに来るから、そこに北朝鮮大使館の参事官を配置しておき、二人の日本人がパスポートを出したらすぐに飛行機にビザなしで乗せる、と。ビザは平壌に着いてから取得する。北朝鮮側は、平壌に降り立った段階で飯島が来たと発表する。

ただし訪問の中味については何も言わず、一緒に行く通訳の写真も絶対に撮らないでおく。こういう手筈にしてもらったわけさ。

拉致被害者の蓮池薫さんが北朝鮮にいたとき、一九九〇年の金丸信元副総理の訪朝団の記事が労働新聞（朝鮮労働党機関紙）に小さく載ったのを見たそうだね。で、「自分は帰れないかもしれないが、自分の子供はもしかしたら日本に帰れるかもしれない」と希望の光を感じたと話していたのを伝え聞いたことがある。

私の訪朝も、行っている間は毎日、労働新聞と朝鮮放送で報道すると北朝鮮側が言っていたから、拉致被害者に何かしらメッセージが伝わるのではないかということも考えていた。

北朝鮮訪問記②

それにしても、平壌の空港に降りたら、待ち構えているカメラが多すぎてビックリしたよ。朝鮮放送と労働新聞のカメラが二、三人いれば十分なのに、十名近くいるんだから。賓客の格ってやつは迎えの車の大きさでわかるらしいけど、大きな黒塗りのベンツが来て、それに乗ったときにあんなにカメラが多いのはどういうわけかと北側の案内役に聞いたら、ロイター通信と共同通信、ロシアのタス通信、中国のＣＣＴＶ（中央電視台）と新華社、北朝鮮の労働新聞と朝鮮放送、全部で七社のカメラマンがいたと言うんだな。つまり私のスケジュールや訪問内容は、ロシアと中国には事前に伝えてあったということだよ。

なぜならば、北京で高麗航空の飛行機に乗るまでは絶対、飯島の面が割れる（身元が知れる）はずがない。ビザも取らなかったし、カウンターにいた北朝鮮大使館員も本国の命令で何が何だかわからないまま直前に配置されたので、パスポートを見てわかったときにはもう誰にも知らせる時間がない。館員が私を飛行機まで案内したんだからね。

北朝鮮に入ってから、金正恩氏が国民にプレゼントした施設には何があるかと聞いたら、一つはスケート場。夏でも半袖でアイススケートができるのを作れと命じたそうだ。それから家族で楽しんでもらうイルカショーの施設。そして民族公園というコンパクトな公園。その三つだというから、その三つは絶対見させてくださいと頼んで、日程を組んでその通りこなしたわけだ。

迎賓館にも四段階くらいの格があるんだが、私が泊まったのは百花園という、小泉総理の第一回訪朝で昼間に使った場所。そこに泊まったのは私が五人目だったかな。アメリカのリチャードソン・ニューメキシコ州前知事、カーター元大統領、中国の鄧小平など二人と私だけ。小泉総理は日帰りだったから泊まっていない。

晩飯はご馳走で十四品目も出た。三時間以上いろんな議論をしながら食事して、大変美味しかったね。ただ寝室は、あまりにも広い部屋で、天井が高くて、そこにベッドが一つ置いてあるだけ。明かりを消さなければ眩しくて寝られないけど、リモコンじゃないから、壁のスイッチまで行って、ベッドの位置をじっと睨んで覚えておいて、消したらそれっとベッドめがけて帰る。

トイレも二十畳か三十畳もあるんだからさ。そこにジェットバスが備え付けてある。部屋を少しは明るくしておこうと思って、トイレのドアを開けてそこの明かりをつけっぱなしにしておいた。でも、部屋が広いから、廊下の明かりが洩れてくるような感じしかしないね。

さらに居間も付いていて、それがまた寝室と同じくらい大きいのよ。私はもう全部の部屋のドアを開けっ放しにして寝たよ。カーター元大統領が泊まった部屋だと聞いたけど、正直、あまり快適というものでもなかったな。随行した通訳の部屋も、常識的なホテルのスイートルームくらいの広さがあったな。

もっと驚いたのは、平壌市内を移動するときに、最初にパトカー、次に北朝鮮政府の車、私のベンツ、私の後ろに通訳の車、ノートテーカーの車、その後ろにあと一台、という車列を組んで行ったことさ。私の車から三、四十メートル先を先導するパトカーが他の車は全部ストップさせてしまう。だから、交通事故は絶対起きない。対向車線の車まで止めちゃうんだから。小泉首相の二回の訪朝でもこんなことはなかった。完璧な交通規制を敷いていて、見たこともないくらい凄いものだった。

内心ではこの訪問は何とか出張扱いになるなと思ったから、朝は宿泊所の食事をいただくが、昼夜の食事は向こうの通訳も含めて六人のときも八人のときもあったけど、全部私に奢らせてくれ、と申し出たんだよ。ただし「領収書をください」と言ってね。十枚くらい領収書を持ち帰ったよ。

　だけど、お店は違うのにその筆跡がみんな同じなんだから、弱っちゃうね。同じ人が全部サインしたと考えるしかないじゃない。しかも十万円なら十万円で、きっちりした金額で、お釣りなしだから。たぶん、誰か偉い人が、レストランの会計から領収書を持ってこさせて、自分で全部書いたんだろうと思うよ。

　なにしろ「賓客で領収書をくれと言ったのは飯島先生が初めてです」と言われたもんな。私はこの訪問は日本に帰ってから絶対出張扱いになると自信を持っていたから、領収書を官邸に出せばお金が返ってくると思ってね。

　たしかに出張扱いにはなったけど、残念なのは、四日間で認められる出張費が、一日一万四百円。しかも「飲食代は自己負担です」って言われちゃってさ。こりゃ確定申告で控除してもらうよう交渉するしかないのが現実で、ちょっと計算違いだったけどね。まあ自分から進んで行ったんだから、お金の問題じゃあない。日朝関係が結果的にうまく行けばそれで本望なんだから。

　私がヘビースモーカーだというのは北朝鮮側もよくわかっているみたいだったな。百花園迎賓館の部屋にも三つも四つも灰皿が置いてあった。食事の席にも置いてあったし、労働党関係でも何でも、あちこちの会談場所に行くと、私の椅子の前に灰皿がある。他の人は誰も吸っていなかったから、たぶん本当はノースモーキングの場所だったんだろうね。

日本語がわかる首脳陣

金永南常任委員長は北朝鮮の国家元首扱いで、どこの国の代表とも面談はだいたい二十分くらいらしい。だけど「二十分じゃ形式的にただ会うだけじゃないか」と、私は通訳にもぼやいたりしていたんだ。

そうしたら儀典長の男女が出迎えにきて、金永南氏とツーショットの写真を撮って中に入ったら、同席者が十四名ばかりずらっと並んでいた。後ろに控えているのを加えるとだいたい二十人くらい、北朝鮮の人員がいたね。

着席したところでカメラ撮り。そのときは通訳などは入れない。その写真を見て日本の評論家は、「会談で通訳がいないのなんてこれは全く北朝鮮に利用されただけだ」とかこき下ろしたらしいけど、冗談じゃないぜ。カメラ撮りのときは通訳は椅子に坐らせないで脇に待機させ、カメラが退場してから坐って会談したんだよ。そんなことも分かってないんだからな。

私の側に北朝鮮の通訳、金永南氏側に日本の通訳という配置さ。右側と左側に分かれた出席者のうち、左側のテーブルの六人は軍の人間だったな。軍服を着ていないのになんで分かったかというと、額の上のほうが白いんだもの。下は真っ黒に日焼けしているのにさ。これは明らかに帽子を、つまり軍帽を被って野外で活動している連中だってことだよ。どういう動きになるかと注視していたら、案の定、左側の軍関係者は絶対に写真を撮らせない。右側の人員だけを撮っていたね。

そのうち「今日は時間が許す限り、思ったことを何でもお互いにお話ししましょう。飯島先生、是非タバコを吸いながら、よろしく」なんていきなり金永南が言うんだよ。私は外交辞令だと思って吸わずに我慢していたんだが「いえいえ、きょうはお忙しいところをどうも」と挨拶して会談をスタートしたら、向こう側に座っていた宋日昊・朝日国交正常化交渉担当大使が、「タバコを吸っていいぞ」という合図をこう、手真似でするんだよな。

会談が二十分どころか、相当長時間続いたので、とうとう我慢しきれなくなって、いつものゴールデンバットを二本吸ったんだよ。こうなったらと思って堂々とね。

会談のテレビ映像を見ていた自民党の元宿仁元事務総長から、帰国後にさっそく電話をちょうだいしたんだよ。

「飯島さん、手元の卓上に白いものが置いてあったけど、あれは灰皿でしょ？　国家元首が賓客と会談する部屋なんだから、そんなもの普通は置いておくことすらありえない話でしょう。他の出席者のところにもあったんですか？」

こう聞かれたから、「いや、私のところだけに置いてあったんですがね」と答えたら、元宿さん大笑いだよ。

「飯島さんね、国家元首クラスとの会談でしょ？　日本で言ったら天皇陛下と会談するようなものじゃないかな。その場でタバコなんか吸う人います？　たぶん北朝鮮では飯島さんが初めてじゃないの」

元宿さんはこう言うんだよね。国家元首扱いの人の前ではあり得ない振舞だと言うんだ。それと同時に、北朝鮮が飯島訪朝をいかに重視しているかの表れだって分析さ。ここは禁煙だって言えば、ヘビースモーカーの飯島が精神的にイライラするんだから、揺さぶりにも使える。そこをあえて普段通りに遠慮なくってリラックスさせたのは、私から日本側の本音を聞き出したいっていう本気の構えじゃないかと。灰皿一つからそこまで見抜いて電話かけてくるんだから、自民党事務総長も恐ろしい人だよ。

しかしね、北朝鮮側も危機管理がなってないってことがばれちゃったんだよな。実は、私が日本語で喋って、朝鮮語に通訳される前に、金永南常任委員長が早々とうなずくんだからね。あれ、日本語がわかるんだな。委員長だけじゃない、二十名いる北朝鮮の人間のうち半分くらいが、私が喋るとすぐメモを取りはじめるわけさ。これは日本語を心得ているということでしょ。あと半分が、北朝鮮の通訳が終ってからメモを取っていたな。

私だったら、外国要人と会談する場合は、通訳が終るまでメモを取っちゃ駄目、うなずいてもいかんと言っておくがね。その点での組織的な危機管理は大したことないな、と私は喋りながら見ていたのさ。それがわかっただけでも有意義な会談だったよ。

拉致問題はどうなるか？

肝心要の拉致問題の解決はうまく行くのかどうか。これは必ずうまく行くからね。というのも、もし拉致被害者の生存者がいなかったら、労働党の書記や最高人民会議（国会）の常任委員長などの高位の人物が一介の参与に過ぎない飯島ごときに会う必要なんかないじゃん。拉致問題は解決済みだと言って逃げれば済む話よ。それを、あれだけ写真つきで毎日、労働新聞で報じたりしたってことは、明らかに生存者がいるんだよ！

同時に、トップ同士の会談で解決する意思があると思うぜ。北朝鮮に行く前から私の考えは向こうにしっかり伝えてあるし、それを一番上の地位の金永南氏にも直接言ったし、向こうから帰るときに、「金正恩第一書記にも全部伝わっています」と言われたからさ。

じゃあ、どういうふうに解決するのか。これは米朝協議なくして拉致問題の解決はないというのが私の見立てだ。

小泉首相の訪朝までは、北朝鮮はアメリカに「悪の枢軸」と規定されていたから、米朝関係打開のために、ブッシュ大統領の信頼がもっとも厚い日本、及び小泉首相に期待するところが大だった。中国でもロシアでも韓国でもない。ブッシュ・小泉の親しい関係への期待で、二回の訪朝が成り立って、拉致家族の帰還もできたわけさ。

じゃあなぜその後はかばかしく進まなかったかというと、二〇〇四年五月二十二日の第二回小泉訪朝の翌日、アメリカのケリー国務次官補が、北朝鮮は核兵器を保有している、と国際社会に公表した。それまで北朝鮮はアメリカに対する警戒で枕を高くして寝られなかった。だから小泉首相に期待していた。ところが核保有を当のアメリカが認めてくれちゃったからには、もうイラクのようにアメリカに侵攻される心配はない、と安心して寝られるようになってしまったわけなのさ。

こういう状態だから、〇二年九月十七日の日朝平壌宣言の四項目めに「双方は、核問題及びミサイル問題を含む安全保障上の諸問題に関し、関係諸国間の対話を促進し、問題解決を図ることの必要性を確認した」とある通り、核問題の解決なくして拉致問題が先に解決することはありえないと私は見ているね。六カ国協議でも、ミサイル・核問題と拉致問題は横一列、同時並行のスタートとなると思っている。それ以外の解決は絶対にありえない。

一三年のアメリカは、途中までシリア問題で頭が一杯だったし、国内政治でも共和党強硬派の攻勢で、国債発行の上限枠とか、財政の崖の問題とかで手一杯になっていた。だから北朝鮮との対話を進めるのはなかなか難しかったのが現実さ。本当に拉致問題を解決させたかったら、アメリカの背中を押すべきなんだよな。

横田さんと有本さんは生きている

もう一つ、これは最後は安倍首相の政治決断の問題にも関わってくるんだけど、北朝鮮に拉致された日本人がいったい何人いるのかっていう問題が横たわっているんだよ。古屋圭司拉致問題担当相はいわゆる特定失踪者まで含めて約五百人とか六百人とか言っているらしいけど、政府が公式に拉致されたと認めた十七人から、五、六百人というこの幅のいったいどこで着地させるつもりなのか。

拉致された証拠があるのかと言ったら、多くの特定失踪者は何もないんだからね。特定失踪者はどんどん増えているが、中には日本でホームレスになったり、自殺したりして行方が分からない人もかなり含まれているだろう。二〇一三年八月末に千葉で漁網のなかから特定失踪者の遺体が発見されて、拉致じゃなかったと判明したけど、あれはショックだったよな。

失踪者をみんな拉致問題にするのじゃなくて、ここまでで線を引く、ここで解決っていう決断を安倍さんがしない限り、北朝鮮もうかつに「これだけ生存者がいます」というのは出せないさ。後から「やっぱりあれも拉致だ、これも拉致だ」って日本側に攻められたら、北朝鮮だってお手上げになっちゃうから、身構えるわけさ。

私の個人的な感触を思い切って打ち明けると、少なくとも横田めぐみさんと有本恵子さんは間違いなく生きておられると信じている。そうじゃなかったら、北朝鮮のナンバー2までが私に会うはずがないじゃない。

合格点をいただけるかどうか分からないが、拉致問題の解決に道筋をつけることができる者が他にいるかと言ったら、自慢じゃないが私しかいないだろうな。確かなチャンネルを持っているんだから。自分は動かないでブルーリボンバッジをつけて歩いている議員は、何もできないという目印をつけているようなもんだ。何をやってんだと言いたくなる。だったら自分が北朝鮮に行って来いと。パイプも何もないのに、大きなことを言う政治家ばかりで、悲しいね。

それなのに、飯島と許宗萬朝鮮総連議長が組んであやしげな動きをしているんじゃないかとか、怪文書まで出回って、飯島と総連の相関図みたいなものまで流れているんだから腹が立つぜ。公安調査庁でも外務省でも、疑うなら私の電話を盗聴でも何でもすればいいじゃん。根拠のない話だとすぐわかるだろうにさ。

差し押さえられた朝鮮総連中央本部ビルの競売問題は司法手続きの一環なんだから、首相官邸は関わってはいけないことだけど、変な売買が成立した場合は、私は拉致問題からは手を引くからね。

北朝鮮としては金日成主席のときに作った「(朝鮮民主主義人民)共和国の財産」だという認識らしいんだな。在日朝鮮人のものというより、北朝鮮の建物という認識。だから、あの問題がおかしな決着をしてしまったら、日朝関係は終わりだよ。競売で落として、更地にしちゃうような業者が落札して動き出したら終わりさ。そうじゃなくて、競売が最終的に不成立に終わって、朝鮮総連と整理回収機構の打ち合わせでどうするかというような展開になれば、また改めて活路も開けるんだけどね。そういう流れが見えたら、私は必ずもう一回北朝鮮に行って片を付ける。

ただし、繰り返すけど、拉致問題は特定失踪者が約五百人で、全部拉致だから生きて返せとかいうのは無理難題だぜ。最後の最後にどこで着地するのかは、首脳会談寸前のギリギリの政治判断にならざるをえないから、これは安倍首相以外は決められない。ここは忘れちゃいけない。

北方領土と尖閣諸島

ロシアとの北方領土交渉に関しては、みんなすぐ四島一括返還とか二島返還とか言うけれど、今のプーチン大統領の立ち位置と日本の立場を考えた場合に、安倍首相にとっての百点満点の解答は、返還云々ではありえないってことだよね。プーチンもダイレクトに変換には応じやしないんだから。

日露両国は一八五五年の二月に日露通好条約を締結して、択捉島と得撫島の間に日露国境を画定したわけさ。ところが一九四五年の九月までに北方四島をソ連が突然占領し、今日までその状態が続いている。

安倍首相がやるべきなのは、一八五五年の条約に戻って、まず四島は日本の領土だと認めさせて一筆取ることだ。これで安倍首相としては百点満点だと見るべきなんだよ。

返還論はその先の話。何故なら今、ロシア国内の事情を見ればチェチェン独立運動があるでしょ。もし北方四島の返還交渉にプーチンが乗ると、チェチェンに火がつき、さらに各地に第二、第三の独立運動が起きる可能性が凄く高いから、プーチンとしては「領土の返還」交渉に応じるわけにはいかないのさ。だから、一八五五年の条約に戻った領土帰属の再確認をもって百点満点と見たいんだ。

土地紛争というのは登記簿謄本に登記があって初めて裁判になるものなんだからね。いってみれば、まずは所有権の登記もなくしていきなり返還運動、ってのはありえないと考えればいいんじゃないかな。

領土問題で事務レベル協議をやりましょうと呼びかけたって自己満足に過ぎなくて、プーチンは絶対そこには乗ってこない、何も前に進まないということを理解しなきゃいけない。

小泉内閣では、初めて小泉とプーチンが会ったのはジェノヴァ・サミット（二〇〇一年七月）だったたな。最初に小泉が北方四島の話を出したら、五分以上しーんとなって前に進まなくなった。そのあと、小泉のほうから、北方領土は別にして、経済や芸術文化など多岐にわたってやることがあるから、お互いにプラスになるようにやりましょうと言ってから、話が進んだんだ。その五分の間、プーチンは唖然とした状態で、思考停止のような感じだった。

安倍首相に非常に期待するのは、プーチンと既に四回会談して、小泉・ブッシュと同じようにウマが合う関係になりうると思うからだ。オバマ米大統領との呼吸よりもプーチンの方が合うようだね。国際的にも両者の親密さが認知されたら、日本の外交もがらっと変わってくると思うぜ。

これがうまく行くと、モンゴルや北朝鮮の地下資源の問題もいい運びになってくるんじゃない？　プーチンが二〇〇八年からシベリアの二十二の都市を精力的に視察して回っているが、まず日本に協力を得たいのは、極東バイカル地区のインフラ整備なんだ。

ここはモンゴルの北側になる。モンゴルはここを通ってシベリア方面からウラジオストクへの物資輸送を考えている。

中国はそうではなくて、中国内に線路を敷いて運ぼうと言っている。一見、経済効果などを考えると中国ルートが有利でしょ。千二百キロから千三百キロあるシベリア・ルートの三分の一の距離だから、投資金額は少なくて済む。

ところが、レアメタルやレアアースの場合、中国内で輸送が止められてしまうリスクが高いのを、モンゴルも気にしているのよ。そうすると、日露が全面的にモンゴルに協力する体制ができれば、日露にもモンゴルにもプラスになるってわけだな。

韓国は頭を下げてくる

中国や韓国との摩擦への対処は、これは長い時間をかけてやっていけばいいことでしょ。ところが外務省の首脳会談へ向けての工程表だと、両国の問題点を実務的に一つずつクリアして行かないと前へ進まないことになる。これは日本にとって良くないアプローチさ。つまり一つは時の首相が靖国神社へは行っちゃいけないという話になるし、二つめには尖閣諸島問題の事実上の棚上げに段々追い込まれていく。そうしないと打開できないみたいな。

尖閣諸島も竹島の問題も、本来は国際司法裁判所に訴えればいいんだけど、相手国が了承しないと裁判にならないのが原則だ。中国は領土問題で、中国を国連に提訴しているフィリピンのアキノ大統領を招聘するのに「提訴取り下げが条件だ」と圧力をかけたくらいで、日本が提訴しても応じないのはわかっている。そこを政治的に妥協して首脳会談に持って行こうとすると、土下座外交になってしまうわけよ。

だったら三年でも五年でも日中首脳会談はやる必要なんかない、というのが私のスタンスだ。

しかし中国はいまあらゆるところで綻びが出ているから、もっと大局に立ってトップ同士でざっくばらんに会おうと言えば、日中首脳会談は実現するし、尖閣などの問題はあとでいくらでも論じられるんだがね。

というのは、中国の外交部ってのは公務員、官僚に過ぎない。だから過去の先例に従って発言するしかないわけだ。北朝鮮も外務省は同じだから、拉致問題は解決したと言い続けるのが常識なわけよ。違うことを言ったら官僚として失格になる。中国の場合、王毅外相も職業外交官上がりだから、所詮は同じ。先例に倣って、靖国神社には行くな、尖閣は中国の領土だ、と言い続けることになるね。

しかし、習近平体制になってから、中国最高指導部から「日本の首相は靖国には行くな」という発言は実のところ、出ていないんじゃないかな。中国を仕切る七人の政治局常務委員の誰からも出てこない。

だから私は、安倍さんが靖国へ行ったって構わないとずっと思ってきた。ここで妥協して靖国に行かないという前提で首脳会談をやると、先々まで延々と同じ問題を持ち出されちゃうよ。これは日本にとっても中国にとっても不幸なんだ。靖国参拝は不戦の誓いのためにするものなんだから、本来どこからも反対の出るはずのものじゃないんだよ。それを忘れて外務省のやってきたおっかなびっくりの交渉に乗っかってはダメさ。安倍晋三・習近平のトップダウンの首脳会談で日中の歴史の新しいページをスタートさせなければいけないんだよ。

問題点を実務的にクリアしないと前へ進まない外交官の交渉とは違って、政治的な交渉というものは、問題はいっぱいあるにしても、ともかく先に、「シナリオなし、無条件で会おう」と。そして懸案事項についてはああしろこうしろと、首脳会談からトップダウンで事務レベルに落とす。これが本来の首脳会談でしょ。

韓国との関係は大して心配することはないね。私は三・一一の東日本大震災で韓国の実態がわかっちゃったから。日本の部品メーカーの多くが操業停止に追い込まれたら、その影響でたちまち韓国のメーカーも操業停止になってしまったじゃん。韓国の産業は凄いといっても、あらゆる製品の六割くらいの部品は日本製だということよ。

そういう実情なんだから、日本に対してそれほどいつまでも強気に出られるはずがないのよ。放っておけば、向こうから頭を下げて来る。いまは中国にすり寄っているように見えるが、韓国には外貨準備がないから、外貨準備の豊富な中国からカネを引き出したいというのが朴槿恵大統領の本音にすぎないんじゃないか。

私はそう見ているけどね。

首脳外交で最も大事なことは？

アメリカの次期大統領はヒラリー・クリントン前国務長官になるだろう、というのが大方の読みじゃないかな。それなら、大統領になってから初めて会談するより、なる前から会っておくのも外交だ。結果が出るまで動かないのが日本の外交だけど、私は大統領就任前に会ってパイプを確固たるものにしておくのも大事だと思うな。

チャンスはいくらでもある。首相としての外交日程の隙間をつくって、ヒラリーの日程を見ながらうまく合わせればいい。まだ大統領選まで時間はたっぷりあるからね。

カール・ローヴ（ジョージ・W・ブッシュ大統領の側近）が私のことを喜んでくれたのは、治安の問題等で歴代アメリカ大統領が国内で行けない唯一の場所だったキング牧師の暗殺現場に、ブッシュ大統領が行けるよう計らったことなんだ。

これは秘話なんだけど、小泉首相が二〇〇六年の最後の訪米で、テネシー州メンフィスのエルビス・プレスリーの記念館をブッシュと一緒に訪ねたでしょ。メンフィスの空港とプレスリー記念館の間に暗殺現場があるわけ。そこで、同行記者団にも極秘で調整を進めて、突然シークレット・サービスの案内でそこに立ち寄って、三十分で引き揚げた。アメリカ側もびっくりよ。それまでどの大統領も行けなかった現場を見たんだから。

ここはオバマ大統領も、黒人でありながらいまもって訪問できていないくらいさ。こういう、貸し借りというか、相手の急所を見計らって動くのが首脳外交の醍醐味なんだよな。

ドイツのゲアハルト・シュレーダー首相は、あれだけ力のある首相でありながら、南ドイツで全く人気がなかった。どうしてかと調べたら、なんのことはない、ワーグナーの楽劇を演目とする伝統あるバイロイトの音楽祭にワーグナー家が招待状を出したのに、シュレーダーが欠席したっていうんだよ。首相で欠席したのは初めてらしい。それでワーグナー家は、非礼だ、あいつには二度と会わないということになり、ワーグナーを敬愛している南ドイツの人たちもシュレーダー嫌いになったというんだ。

そこでワーグナーのオペラが大好きな小泉首相はワーグナー家に密かに連絡させて、自分を招待してくれたら必ず行くと伝えたわけさ。そして招待状が官邸に届いたから、すぐ駐ドイツ大使に、「シュレーダーに道案内してくれないかと頼めば絶対飛びつくはずだからやってみろ」と言ったら、案の定、飛びついた。それで現地までのジェットヘリはシュレーダーが用意してくれて、日本の税金は使わずに済んだのさ。

一緒に音楽祭を鑑賞したシュレーダーはそれ以後、南ドイツでも人気が出たそうだ。現在、彼は親しいプーチンの計らいで、ロシアのガスプロムの子会社の会長をしているんだが、いまでも部下に小泉とのそういう諸々の話をするらしく、二〇一三年十二月に訪日した際も小泉に非公式な面会を申し入れたそうだよ。

二〇〇二年のG8カナナスキス・サミット（カナダ）で、プーチンがやおら手を挙げた。「来年はサンクトペテルブルクで建都三百年祭を開くが、その日程がエヴィアン・サミット（フランス）と重なってしまう。だからロシア政府も自分もフランスのシラク大統領に、日程をずらすよう一年間お願いしてきたけどうまく行かない」

こんなことを言い出したんだってさ。すると小泉が、「黙って坐れ」と制して、場の空気が緊張した。プーチンが坐った途端、小泉がシラクに、「おい、私の言うことに反対はしないよな」と話しかけた。

たぶんそのとき、小泉の頭にはジェノヴァ・サミットの記憶があったんだと思う。ジェノヴァでの円卓会議の最中、秘書官が入り込んで、シラクにメモを渡した。シラクがそれを広げて見る。みんなシーンとなって、会議が中断。シラクは席を立って出口のほうへ行ったと思ったら、小泉の肩を叩いて、そのメモを渡して席に戻った。今度はブッシュ以下、全員が小泉に注目する。小泉がメモを開くと、「いま大相撲で魁皇の優勝が決定した」と書いてあった。シラクはG8サミットより相撲のほうが大事だったという話さ。そういう男が相手だから、小泉は相当はっきり言ったわけだ。

「シラクよ、あんた、エヴィアンの日程を二日ずらせばいいじゃないか。われわれはそれに合わせて行けばいいんだ。駄目なのか、ブッシュ、俺の意見をどう思う」

ブッシュは「いや、いいよ」。小泉は「ベルルスコーニ（イタリア首相）、どうだ」でベルルスコーニも「いいよ」、ブレア・イギリス首相も「いいよ」で、「みんな、いいって言ってるじゃないか」と小泉はシラクに呼びかけた。そうしたら、日程変更OKになったんだ。

プーチンはびっくりして、休憩のときに「サンクトペテルブルク建都三百年祭では、あんたには俺の隣に座ってもらう」と言ってね。実際、胡錦濤・中国国家主席は国家元首なのに小泉のほうが議長のプーチンに近い席に座ったのさ。それで、プーチンはこう言った。「小泉、あんたも悩みがあるだろう。北朝鮮の拉致問題だな？　まだ公表していないけど、十日後に金正日総書記をシベリアに呼んであるから、『小泉は信頼できる男だ、拉致問題を二人で話して解決しろ』と強く言うよ。これからよろしく頼む」

こういうわけさ。首脳同士の貸し借り関係だよな。洋の東西を問わず、政治家っていうのはこういうもんだ。休憩が終って会議が再開したら、今度はシラクが手を挙げた。「小泉、あんたはすごく立派な政府専用機に乗ってきてるな」と言い出したそうだ。専用機はボーイング747だから、フランスにはエアバスがあるぞと皮肉でも言うのかと、私は一瞬そっちに頭が行ったんだが、そうじゃなかった。シュレーダーの話になったのさ。「実はシュレーダーの奥さんが急用で、ドイツの政府専用機で帰国してしまったんだろ。シュレーダーはこのサミットが終ったら日本へ直行して、サッカー・ワールドカップのドイツ対ブラジルの決勝戦を見たいんだが、フライトが取れない。スタッフを含めて五人だというから、あんたの専用機に乗せて帰れ。そのぐらいのことはお前だったらできるだろう」

このシラク提案にはシュレーダーもびっくりしたみたいだけど、結局、小泉の即断で、シュレーダーを政府専用機に同乗させて日本へ連れて行くことになったんだよ。

安倍・プーチンの信頼関係

こういうのが本当の首脳会談なんじゃないのかな。事務的な、官僚のシェルパ（首脳の個人代表）が作ったペーパーのまま会議をして、終わったら声明文発表というんじゃない真剣勝負のやり取りさ。小泉の首脳外交にはいろんなハプニングがあったんだけど、それはつまり、恰好をつけているのじゃなくて、いつも本音で勝負しているということだよ。

皮肉な言い方をすれば、小泉が日程について注文を付けたのは「素人発言」とも言えるのさ。いろんな外交の原理原則を知っていたら、かえってなかなか言えないものだ。プロの外交官から見たらど素人と言われてもしかたがない場面もあったんじゃないかな。しかし、逆にそれがプロなんだ。それで各国首脳にも小泉人気が出ちゃったんだから。

だから、今の安倍首相の日露・日中外交も、官僚が積み上げたメモに従って、種々の問題をまず実務的に解決した上でないと首脳会談は開かないみたいなスタンスはやめて、いきなり胸襟を開いてトップ同士の会談をやるべきだというのが私の見立てさ。安倍さんならそれができるはずだ。その一番の軸になるのが実は安倍・プーチンの信頼関係になるんじゃないかと見ているよ。

「総連本部」落札に暗躍？　冗談じゃない

全く、引っぱたいてやりたいぜ。何かって？　東京都千代田区の在日本朝鮮人総連合会（朝鮮総連）中央本部の土地・建物を巡る例の競売だよ。謎のモンゴル系企業が落札したっていうあれさ。

北朝鮮、朝鮮総連、モンゴルって役者が揃ったもんだから「今回の競売の裏では飯島が暗躍している」なんて事実無根の怪文書が、三通も出回っているのよ。

ご丁寧にオレや総連の許宗萬議長を中心に、矢印であちこち結んだ人脈相関図までついてるのさ。先週、警察庁の諸君と会食したけど「色々流れてますね」なんてニヤニヤするばかりで、冗談じゃない。

北朝鮮、ロシア、中国、モンゴル。大事な近隣諸国とトップまでつながる人脈があるのは否定しない。朝鮮総連とも付き合いはある。

でも、総連本部の競売の件は純然たる司法手続きであり、政治が介入すべきじゃない、がオレの持論。本当にノータッチだからね。

だけど、怪しからぬ風聞がなかなか消えないな。まことしやかな怪文書が飛び交うのは困ったもんだよ。

しかし、この一件を見るにつけ、安倍内閣を支える内閣参与としては心配だな。外交・情報・捜査当局までが右往左往するばかりで、落札のミステリーを解明しきれていないだろ。オレにまつわる怪文書がデタラメだってことすら解析できていないんじゃないかな？こんなの二時間でさっさとカタつけろって言いたいぜ。

二〇一三の国会で安倍内閣の一丁目一番地は国家安全保障会議（日本版ＮＳＣ）設置法案の早期成立だ。だけど、ウラオモテの情報収集や国際人脈、また国内での防諜などが充実とは程遠い状態で、立派な器だけ創っても砂上の楼閣でしかないよ。

併せて成立を急ぐ特定秘密保護法案も、問題はプライバシー侵害とか知る権利などじゃない。同盟国から超秘密の情報を教えてもらいたいわけだよ。そこで「こちらは絶対に洩らしませんから」と胸を張って頼むだけの物乞い情報機関さ。

二〇〇三年の衆院選の時さ。小泉純一郎首相に、情報担当の政府高官が勇んで「自民党の勝利は決まりです。各党の議席予測は……」ってご注進に来たんだよ。秘書官にも極秘資料をご説明って持ってきた。一目見て吹き出したぜ。「これ、私の字なんですがね」と教えてやったら下向いてたな。

せめてオレの手書きの資料をそのままコピーじゃなく、パソコンで打ち直して持ってくれば「飯島の分析とぴたりと一致した」となって胸張って帰れたのにさ。

国内で情報収集って言ってもこの程度。まして外国となると、推して知るべしだよ。NSCの事務局長には某外務省OBが有力とかいう噂だけど、心配だな。

日揮社員が犠牲になったアルジェリアのテロ事件があったね。オレはあの二カ月前に当時の外務省のそれなりの立場の高官に、日本のプロジェクト絡みで不穏な情報があるぞと注意喚起していたんだ。当人たちはよく覚えているはずさ。でも、誰も解析できなかっただろ。

事が起きてから「飯島さんの警告が当たった」なんてゴマをすられても、犠牲者の方々に本当に申し訳ないよ。オレも安倍晋三首相を支えたい一心から「ひとりNSC」のつもりで日夜、頑張っているけど、いやー、一人ぼっちで、孤独だぜ。

とにかく、競売には無関係。オレの行動は当局が二十四時間張ってるだろうし、携帯電話の盗聴でもすりゃ真実はすぐ分かるはず。できなきゃ米政府に頼んでやってもらったらどうだい？

（一三年十一月七日号）

万博招致合戦では大弱り

二〇二〇年の万国博覧会開催地がアラブ首長国連邦（ＵＡＥ）のドバイに決まったけど、いや〜、オレも永田町暮らし四十年でこんなに進退窮まった外交戦はなかったぜ。二〇年の東京オリンピック・パラリンピックの招致に劣らず手に汗握ったよ。

一三年十一月二十七日のパリでの博覧会国際事務局（ＢＩＥ）総会の話さ。日本ではあの高度成長期を象徴した一九七〇年の大阪万博、最近だと二〇〇五年の愛知万博が記憶に新しいよね。二〇年の万博開催地決定に向けて、加盟百六十七カ国が投票しようと集まった。

これ、日本のメディアは直前まで一切報道していなかったのが不思議だぜ。あなた方の目は節穴かって言いたいよ。安倍晋三首相が進める「地球儀を俯瞰する外交」にとっちゃ、実に際どい局面だったんだからね。

開催地に名乗りを上げたのはＵＡＥ（ドバイ）のほかに、ロシア（エカテリンブルグ）、トルコ（イズミール）、ブラジル（サンパウロ）の四カ国よ。

オレの在京外交団のネットワークから入った直前の情報では「トルコとＵＡＥの争いか」なんて下馬評だったけど、五輪招致と同じ激戦で、こりゃしびれたね。

経済界が求める電力の安定供給のため、原発再稼働の旗を振っているオレだけど、当面は貿易赤字も覚悟で石油や天然ガスの輸入を増やして火力発電をフル回転するしかないわな。エネルギー問題を見据えれば、ＵＡＥは軽視できないよ。

一方で飯島の見果てぬ夢として、シベリア鉄道をサハリン経由で北海道のＪＲまでつなぐ構想を七年前からぶち上げさせてもらっている。アヒルの水かきが続く北方領土返還交渉も含め、ロシアのプーチン大統領が夢に出てくるぐらいさ。

トルコはトルコで、日本製の原発を四基も高値で発注してくれるんだからね。オレも裏では色々汗をかかせてもらったけど、安倍首相が二度も足を運び、一四年の年明けにはエルドアン首相が来日する。政経一体でぐっと関係を深めているところさ。

ブラジルは言うまでもなく、日系移民の方々が大勢暮らしている。小泉純一郎首相に随行して公式訪問した時は皆さんの長年のご苦労を思い、胸が熱くなったものだよ。中南米の雄だし、その発言力は侮れないよね。

中国も〇八年の北京五輪、一〇年の上海万博を跳躍台に一気に経済規模で日本を追い越して行ったわけだよね。ロシアは一四年のソチ冬季五輪、ブラジルはサッカーのW杯を控えていて、さらに二段目のロケットとして万博が欲しかった。

トルコは五輪招致では東京に譲ったから、今度こそと鼻息荒いし、UAEもご近所のカタールが二二年のサッカーW杯主催国ゆえに、こっちも負けられないって力が入ったね。

万博誘致競争もまた、明日の世界地図を塗り替えるかもしれない外交戦なのよ。

さて、日本はどこに一票を投じたのか。泣いても笑っても一票しかない。棄権するわけにいかないしね。オレにも関係の深いそれぞれの国のあっちこっちから、ささやきがあってさ。

この四カ国に優劣つけるのは立場上マズイいんだ。日本外交の今後を左右する一票だから、考えれば考えるほど夜も眠れないくらいの話で、ほとほと参ったぜ。

オレ自身がそんなだから、今回ばかりは安倍首相にズバリ直言もしづらかったわけよ。どうするんですかって聞くわけにも、なかなかね。最後は総会の満座の前で、世界に冠たる日本のあみだくじを披露して決めるか……。

何だ、そんな知恵しか出なかったのかって？　激辛のはずが弱ったな。いや〜今回だけは悩ましかったぜ。

険悪な時だからこそ日中首脳会談を！

中国が尖閣諸島を含む東シナ海上空に防空識別圏を設定してから、日本側も今にも戦争が始まるみたいに、いささか過剰反応しすぎだな。メディアも含めてね。

一言で言うと、中国は防空識別圏の意味も分かってないし、国際ルールもろくにしらないな。それを満天下に示したようなものよ。

日本を含む各国も防空識別圏を設定している。でも、圏内に進入した航空機にはまさに識別と警告をするだけさ。領空に入らない限り、武力による強制措置は取らない。だって、公海上空は何人も自由に飛行できるのが世界のルールなんだから。

それを中国は「我々の指示に従わなければ、武力による強制措置を取る」って言っちゃったところがトンチンカンな常識外れさ。そんな話にまともに付き合って興奮しちゃダメなんだよ。

オバマ政権になってからも、ヒラリー・クリントン前国務長官らが何度も明言しているように、尖閣諸島は日米安保条約第五条の適用対象になっているのさ。この点は心配いらないよ。

どういうことかって？　尖閣はまず第五条の「日本国の施政の下にある領域」に厳然として含まれるよね。日本が実効支配しているからさ。ここに他国が武力攻撃をすれば、日米が「共通の危険に対処するように行動することを宣言する」ことが明記されているわけよ。だから、尖閣諸島で日米が慌てて新たな施策を講じる必要などない。ドーンと構えてりゃいい。無論、安倍晋三首相が繰り返すように、日中間に領土問題は存在しない。この立場は毅然として貫かなきゃいけないぜ。

こういう時だからこそ、外交官による事務的な外交で、建前を言い合っているだけじゃ話にならないのさ。「政治的な外交」でどうやって日中首脳会談まで持っていくかだよ。手の内は明かせないけど、ここは冷静な判断で進めていくべきさ。

おっと、首相は靖国神社には、どんなことがあっても参拝してもらわなくてはいけないがね。首相は「第一次政権で参拝できなかったのは痛恨の極み」とまで言ったんだから。これは今の日中問題とは何の関係もない。不戦の誓いをしにいくのだし、内政問題だぜ。

外務省も含めて、大方はこんな険悪な日中関係で首脳会談なんて、と腰が引けているらしいけど、オレはそうは思わないな。本章の冒頭で「三年は日中首脳会談はなくていい」

と述べたけど、むしろこういう時だからこそ、政治的な外交の出番さ。

あまのじゃくで言っておくけど、日中首脳会談は二〇一四年三月末までに実現する可能性が高いと思うよ。なぜかって？　中国は本音では深刻化する環境保全や水の問題など多岐にわたって、日本との協力を望んでいるんだよ。それを早急に具体化しようと思えば、一四年度予算で対応しなくちゃならないでしょ。

となれば、予算が国会で成立するであろう三月末までに首脳会談にこぎつけなきゃ。そうしないと、困っちゃうのは中国側じゃないの？　防空識別圏の問題が起きたからこそ、トップレベルでお互い胸襟を開いて話し合う逆バネが働く、とオレは見ているけどね。

冷静にウォッチしなきゃいけないのは、北朝鮮の実力者、張成沢氏の処刑報道も同じだと感じているよ。

処刑された張氏の側近二人は、軍の経済関係が担当だった。そこで不明朗な資金の流れを摘発されたと聞く。張氏も監督責任があるから、そこをどう判断するかで精査が続いたようだけど、そうそう単純な話じゃないぜ。

百鬼夜行のインテリジェンスの世界は、上っ面だけ見ていてもダメ。表舞台でまことしやかな情報が躍り、大騒ぎしている時こそ、裏の裏まで冷静に観察しなきゃな。

海外とのパイプ構築術

読者の中には、なんで飯島みたいな者が選挙や政局ならともかく、外交にそんなに口が出せるのかって不思議に思う諸君もいるんじゃないかな。実は首席首相秘書官になって以来、過去十年あまりで七十カ国くらいの大使と会ったりしているのよ。むろん、こっちは言葉は日本語だけだけど、濃密な交流を秘書官退任後も続けているのさ。

アメリカにしても中国にしても、ジャパンスクール（日本専門家）の外交官は最低でも十年以上、ずっと日本担当で行くからね。日本を含めた東アジア担当とか日本単独の担当とか異動はあるけど。ところが日本の外務省などの官僚は長くても二年か三年で代わるだろ。代わったあとはもう関係ないというふうになりがちで、個人的に十年以上交流するのはありえないという役所のマイナス面があるわけさ。

私が小泉内閣時代に特に交流を深めたのはG8みたいな大国、先進国より、どちらかと言うと途上国、小さな国の駐日大使たちだね。中南米、中近東、アフリカなど、どの国も日本に対する尊敬の念は強いよ。また日本への信頼度も高いんだな。日本に支援も協力もしてもらいたい。

ところが日本は政治的にも行政的にも結論を出すのが遅すぎるって苦情がひっきりなしだ。これに比べると中国は即断即決なんだな。この一つの結論を出すまでの時間をなるべく短くするための相談が私のところに来るというわけさ。

なんのことはない、永田町でも官僚の駆け込み寺をやっているんだけど、いわば世界の駆け込み寺も掛け持ちでやってるようなもんだよ。ODAにしても何にしても、いろんな問題があったときにスムーズに、風通し良く進めるのが、誰に頼まれたわけじゃないけど私の役目だね。

ちょっと自慢話みたいになって恐縮だけど、これも大事な外交だと思っているので、紹介させてもらうよ。

中南米で私の名前が知られたのはキューバがきっかけさ。首相秘書官のとき、キューバの最高指導者フィデル・カストロ国家評議会議長（当時）が東南アジアを訪問した。で、帰る途中に、関西空港か羽田空港に降りて給油しないと燃料がもたないらしいんだよ。ところがカストロ議長の専用機というのが大変古い飛行機だったらしく、排気ガスの環境基準にひっかかって着陸が許可されないってわけだ。キューバ側では国土交通省から何から手を尽くして当たったけれども全然駄目。予定時間には離発着の飛行機が一杯だし、解決しようがないってサジ投げられてね。しかし、なんとしてでも空港に降ろしてもらわないと帰れない。それで、切羽詰ったキューバ側はある人を介して私のところへ相談に来たっていう経緯だった。

私はまず、「私だって着陸を許可することはできませんよ」とクギを刺した。すると「それじゃあ相談にならないじゃないか」と向こうは憮然とするんだけど、こう言ったわけよ。

「まあ聞いてください。私も小泉内閣も、いくらカストロ議長でも安易に許可はしません。まずこれははっきりさせてください。許可しない。許可しないけれども、実行はさせます」

こう伝えるとキューバ側はわけわかんないから「許可しないで実行とは何のことか」とまた焦って聞いてくる。私は「まず段取りとしてカストロ議長機が関西空港上空に到達する日にちと時間を至急聞きたい。それから給油に必要な時間。これを大至急調べてください」と要請したね。

次に関空で自衛隊や海上保安庁など政府系の航空機の離発着予定のうち、カストロ議長機が到達する時間のものを全部外してくれと言って、何機かの予定を外して空白の時間を作ったんだよ。

で、キューバの大使に、関西空港近くに来たら、カストロ議長機からSOSを発信してくれと伝えた。それはこういう意味だったわけさ。

「燃料がなくなって墜落しそうだ、とSOSを出してください。ただし、間違いなく私が作った空白の時間帯に合わせて飛来してくれなければ困りますよ。そこに来てくれれば、もう受け入れ態勢はできていますから。基本的に小泉内閣は着陸は許可しないんですが、緊急事態なんだからしかたないということでSOSを受けて、実行しますから」

と、こんこんと作戦を授けたんだよね。

そうしたら、カストロ議長はこの経緯を報告されて感激したらしい。B4判くらいの大きさの、しかも中身は二段重ねになった立派なキューバ産の葉巻の箱がカストロ議長の名刺つきで私に届いたよ。御礼として、在京の大使が持って来た。それを首相秘書官室、特命チームの内閣参事官室の全員で二本ずつ山分けしたよ。

「イイジマがピンチを救ってくれた」

このときの大使が、結構長く日本にいたんだけど、中南米各国大使の会議で、「イイジマってのが、こんな知恵をひねり出してきてピンチを救ってくれた」って話してくれたらしいんだ。これが在京外交団に口コミで広まった。ベネズエラの日系二世のイシカワ駐日大使が会いたいといって飛び込みで来たから、なんで私にと思ったらそういうことだったね。

いわゆる貧困国、たとえば北アフリカの小国ジブチの場合、日本はソマリア沖の海賊対策で自衛隊の基地を借りているわけよ。ところがジブチの大統領が来日するのに、資源も何もない国だから、政治家も各省も誰も相手にしない。在京大使がこれではクビになるから助けてくれと、飯島のところに行けば何とかなるんじゃないかなんてやってくるのさ。よく聞いてみると、大統領は首相官邸に話をつけて欲しいというよりも、経済の話だった。経団連加盟の大手企業十社以上とミーティングしたいというお願いさ。

そこで海運関係を中心に大企業との会合をセットしてあげたら、大使が感激しちゃってね。そうすると、ジブチはアフリカの大使会議と湾岸・中東の大使会議と両方に加盟しているから、ここでまた私のことが口コミで広がったらしいね。

あるいはパレスチナ。これは国連で国家として認めていないから、大使館じゃなくて代表部事務所なんだが、これが自民党本部の近くの石油会館にあったんだ。そこには当時、レバノン、ヨルダンなど何カ国かの大使館が入っていた。東京メトロ永田町駅が最寄駅で、ヨルダン大使館などの出口標示はあるのに、パレスチナは国じゃないから標示してくれない。つけてくれと、どう陳情してもやってくれない、何とかしてほしいって私のところに泣きついて来たから、そんなの任せろと胸を叩いて、その標示をつけてあげたんだ。これも喜んでもらえたみたいだね。今は麴町に代表部が移っているけどね。

それと、パレスチナの駐日代表はアメリカで運転免許を取って来たが、大使じゃないから、日本でアメリカの免許をそのまま使えるように便宜供与をしてもらえないんだな。日本は厳しい、運転ができないと困っているもんだから、すぐに鮫洲の運転免許試験場で大使扱いでやれるよう手配してあげたよ。

こっちにしてみれば些細なことなんだけど、これでも向こうは感謝してくれるんだな。それをアラブの外交団の間で話すから、レバノンとかヨルダンとか弱小国の大使が寄って来る。バドルというエジプトの大使も来てね。こういうことで一気に二十カ国くらいつながりができる。

アフリカも笑っちゃったよな。ひょんなことでウガンダにゴリラを見に行ったんだけど、クテサ外務大臣につかまっちゃってね。この人はアフリカの政治家の中でも実は知る人ぞ知る凄い実力者なんだな。

日本の援助プログラムは実行が遅いというから「冗談じゃない、早くしてあげますよ」と手配してあげたら、「このプロジェクトがうまく行ったら、ミスター・イイジマにいくらリベートとしてお金をバックしたらいいか、大統領と相談している」なんて言うんだよ。これには私はマジでキレてこう言ったよ。

「私に向かって何てことを言うんだ。私にできることがあったらと思い、無償の好意でやってあげてるんじゃないか。それをいくらバックだ、何パーセントかなんて、こんな人をバカにした話があるか。日本では腐っても鯛ということわざがある。小泉内閣のときに世話になった在京ウガンダ大使館とのご縁で、駐日大使との付き合いもあるし、恩返しはいつでもしますよ、というボランティア精神でやっているのに冗談じゃない」

そうしたらクテサ外相もビックリしちゃってさ。生まれて初めて怒られたらしいんだ。今度は、私に「ぜひともウガンダの大統領顧問になってくれ」と言うんだから。「いや、なってもいいけど、お金は一切要りませんよ」と答えたら、ウガンダの財務大臣や農業大臣が反対に回っているってわけだ。いやいや、私は顧問になりたくてなるわけじゃないから、政府部内に反対があるなら、わざわざ顧問にしなければいいじゃんと言ったら、こう来たよ。

「いやいやミスター・イイジマ、そうじゃない。大統領顧問だと大統領だけの顧問で、私たち閣僚に関係なくなっちゃうからいけない。政府全体の顧問をやってもらうしかない」

こりゃまいったよ。まず大統領就任式に来てくれと言われて、日本人では私だけ呼ばれて行ったんだ。在ウガンダ外交団はテントの奥のほうの席だったけど、私は閣僚席の真ん中に坐らされてね。その式典の映像をライブで国内のテレビで三時間流すんだから。

いやー、しかし、アフリカはどこでもサイドビジネスが横行する世界だから、タダでやってくれる奇特な人なんか一人もいないというんだよね。顧問の辞令が交付されたのを見たら、「無償の政府顧問」と書いてある。わざわざ無償と書いてあるって、当時の外務省の木寺昌人官房長に見せたら笑っていたけどね。私は、ウガンダに出向くときに航空券なんかはくださいよ、でも仕事は無償で、できることは何でもしますよと言っているよ。

小国に見向きもしない政治家・官僚

政治家も官僚もダメなのは、これらの小国には見向きもしないでしょ。アメリカとかG8とか、メジャーなところが最優先でね。でもそれだけじゃあ日本外交は駄目よ。

ボランティアでいろいろやってあげていると、やがてこっちが逆に助けられるということも出て来る。たとえばトルコの場合、原発四基の建設について、相当前から相談を受けていたんだよ。ところがカナダ、韓国、中国が激しい売り込みをやっていて、日本が入札してみたら価格が一番高かった。コストが高い。だから一時、韓国が受注しそうになった。二〇一〇年に韓国でG20金融サミットを開催したときに、ほぼ韓国の受注が決まりかけたんだが、ご破算になった。

何故かというと、もし大きな地震などの災害に遭ったときはどう対処するかと問われて、韓国が「メンテナンスについては日本と相談する」と答えたものだから話が潰れちゃったんだ。自力では対応できないということだからさ。

フランスのアレバ社も受注を狙っていたけれど、当時のサルコジ大統領はトルコと仲が悪かった。そこでこっちが首相や大統領も頭が上がらないチェリック財閥と十年間ずっと付き合ってきた関係が生きてきたってわけなんだよ。

（二〇一三年）十月に経団連会長らを引き連れて安倍首相がトルコを訪問して四基受注が決まったでしょ。小泉内閣のときは外交は「政経分離」が主流だった。たとえば中国に対しても、政治関係は靖国参拝で停滞しても仕方がない。しかし経済、芸術、スポーツの交流はどんどん進めろというのが小泉首相のスタンスだった。

それが安倍内閣になると「政経一体」に変わっていったね。第一次安倍内閣でも経済界代表を同行させて諸外国を訪問していただろ。これが第二次内閣でも基本姿勢として続いている。

飯島特務機関

「飯島特務機関」みたいなものがあるように思われているんじゃないか、という人もいる。実際は個人営業なんだけどね、一人ぼっちの。ひとり日本版ＮＳＣ（国家安全保障会議）だって言っているくらいでさ。ホントのＮＳＣの事務方トップは谷内さんなんだから、彼のところへ行ってくれと外交団には言ってるんだ。

首相官邸の中で外国人が一番多く訪問するのは飯島参与室ってのも笑っちゃうだろ。在京英国大使なんかも、二〇一二年十二月に今の大使に代ってね。頭の凄くシャープな人なんだけど、私に会うのに必死になっているみたいだな。

普通の人は最貧国に興味がなくて、G8とかの大きな国には血が騒ぐんだろうけど、私は逆。コートジボワールの大使とかにも言っているのは、「途上国だって胸を張って歩きゃいい」ということ。日本から支援を受けているからといって、媚びへつらう必要などない。特命全権大使としてはアメリカの大使だろうとコートジボワールの大使だろうと対等なんだから、その点だけは弁えていなければならないよといつも助言している。

そうすると感激するらしいね。外務省の中にも彼らには横柄な態度をとり、なかなか時間を作ってくれないとかいうダメな輩がしばしばいるようだからね。

ただ、いくら頼まれても私の能力ではできないこともある。例えば東京に着任した各国の大使が、天皇陛下に信任状を捧呈するときの順番を変えること。あれは登録順が原則だからね。みんな早く信任を受けたいというんだけど、それは絶対引き受けませんと言ってある。いつも口癖みたいに言っているから、このことは大体もう浸透してきたと思うけどね。

私はとくにアフリカとか中東とかが好きというわけでもないんだけど、EU二十八カ国の湾岸・中東へのエネルギー依存は年間七兆円なのに対し、日本は一国で三十兆円だという。だから、パレスチナとイスラエルの和平も大事だし、中東問題をなんとかしなけりゃいけないというのが私のスタンスなのさ。

首相秘書官になったときびっくりしたのは、外務省が日本国の内閣総理大臣に行ってもらいたくないっていう在京大使館が二カ所あったことだな。それはイスラエル大使館と中国大使館。大使館設置以来、首相は一度も訪問していなかった。

イスラエル大使館の場合は、行くとイスラム圏の国が怒るからというのが理由だった。私は外務省抜きで小泉を連れて行ったよ。音楽家にはロシア人かユダヤ人が多いから、イスラエル大使館に音楽家を呼んでもらって、小泉に大好きな音楽を聞かせたわけさ。しかし、外務省が言うようにイスラム圏が怒ると困るから、バドル・駐日エジプト大使に頼みこんでそこに湾岸諸国の在京大使を全部集めてもらったんだ。

「小泉はイスラエル大使館に行きます。それをもってどうこう言わないでください。三十兆円の石油に依存しているのだから、平和が崩れて石油価格が乱高下でもしたら日本の産業界は大変だ。小泉は中東の平和が保てるように努力します。イスラム圏のみなさんにも提案がある。ラマダン（断食月）のイフタール（日没後の食事）を総理官邸の大広間でやって、首相の小泉と懇談する会を設けようじゃないですか」

こう私はもちかけたんだ。本当にそんなことができるのか、と向こうは半信半疑だったね。「必ず実現する、ただし湾岸諸国の料理は官邸では作れないので、皆さん手分けして官邸に料理を持ち込んでほしい」とお願いしてね。こんなことをやったのでアメリカはびっくりしたらしいぜ。以来、第二次安倍内閣までイフタールは毎年官邸でやっているでしょう。あれは飯島の置き土産の一つだね。

中国大使館も、日中国交回復から四十二年目になるけれど、国交回復に導いた田中角栄首相を含め、歴代首相は誰一人訪問していなかった。やはり台湾が怒るからと言うんだな。私は武大偉・駐日中国大使のときに小泉首相を連れて行って、日本に駐在している二百名以上の中国外交官と写真を撮ってあげたらこりゃ喜ばれたね。後にも先にも、中国大使館とイスラエル大使館を訪問したのは小泉ただ一人。こういう試みが大事なんだよ。

こうやっていろいろな繋がりができているから、どこの在京大使館のナショナルデイのパーティに行っても、各国大使が私のところに集まってくる。そして、サウジアラビア大使の息子が工科系の勉強をしたいというから東京電機大学を紹介してあげたり、シンガポール大使にＪＩＣＡやいろんな省庁を紹介してあげて、飯島から紹介を受けると官僚が懇切丁寧に説明してくれるという実績があって、その話が口コミで広まって行ったから。

長年のそういう積み重ねの賜物だと自負しているよ。

第三章　民主党政権失敗の研究

「話し合い解散」のすすめ

政局の真っ只中で、この連載を始めることになった。編集部に「(二〇一二年)六月七日発売の号からスタートしたい」と提案したのは私だ。カレンダーを片手に政治を見ていて、歯がゆくて居ても立ってもいられなかったからだ。

野田佳彦首相には一日でも長く続けてもらいたい。ポスト野田と言ったって、民主党も自民党も候補者は五十歩百歩。大したことない。だったら、国益のため首相をくるくる代えず、財政再建に向けて消費税率引き上げをやり遂げてほしい。

でも、野田官邸を見ていると心配でしょうがない。権力者として最も大事な政治日程の創り方が分かってないな。消費増税関連法案の会期内採決に向けてやっと腰を上げそうだが、今国会を召集した一月にはカレンダーを見て目を疑った。

会期末が六月二十一日なのに、首相はその直前の十八～十九日はメキシコのG20に飛ばなきゃいけない。ってことは、国会は実質的に十五日の金曜日までだ。こんなバカな政治日程は聞いたことがない。

衆院で採決するにしろ会期延長するにしろ、十五日までにケリをつけないと大混乱だ。政局が緊迫する会期末の一週間をムダにし、政治生命を懸けるはずの首相が日本にいない。召集日を決める前に外交日程を確認しなかった官邸のお粗末だ。

自民党の谷垣禎一総裁は法案成立に協力して欲しければ、衆院解散・総選挙と引き換えだと首相に迫っている。民主党の輿石東幹事長は党内融和を名目に決着をのらりくらりと引き延ばそうとするから、まず会期内の衆院採決を確約しろと。

となると、十一日からの週が政局の大勝負だ。だから「連載やるなら、この前の週からでないと意味ないよ」と編集部にお願いした。

ズバリ、激辛に言おう。首相は「党内融和も大事にして、とにかく大幅に会期延長してじっくり進めよう」なんて輿石路線に乗っちゃいけない。乗ったら野田政権には間違いなく野垂れ死にが待つ。年も越せない。

小沢一郎元代表を切って自民党の社会保障改革の対案を丸のみ。解散を約束してでも谷垣総裁と手を組むことだ。何としても増税法案を会期内採決で衆院を通す。参院審議もあるし、一票の格差是正もあるから、七月下旬くらいまでの延長は仕方がないがね。破れかぶれでもこれで突き進むしか首相の生き残りはない。

なぜかって？　カレンダーを見てごらん。超大幅の会期延長なんて言っても、七月二十七日から八月十二日までロンドン五輪。国民はなでしこジャパンや北島康介選手に釘付けで、新聞の政治面なんか読みやしない。そんな時期に政局のヤマ場を持って行くのは素人だ。五輪が終われば終わったで、もう民主党も自民党も九月の党首選が事実上、始まってしまう。

当時の菅直人首相に対抗して小沢氏が出馬した二〇一〇年九月の民主党代表選を思い出してほしい。鳩山由紀夫元首相の長野県軽井沢町の別荘に小沢氏とシンパが集結して「気合いだ！　気合いだ！　気合いだ！」って気勢を上げたのが烽火《のろし》だった。あれが八月十九日だ。

今回は総選挙の顔を選ぶ戦いだから、民主党も自民党も真剣だ。互いに相手の動きを見て、向こうが決まってから後出しで選んだ方が有利かとか熾烈な駆け引きになる。つまり、八月半ば以降はどちらの党も党首選で頭がいっぱいになってしまうから、増税法案や国会どころじゃなくなるんだ。

霞が関だって通常なら七月に各省事務次官以下の異動がある。局長や課長は八月末の次年度の概算要求までが新しい政策を練り、マスコミにぶち上げる勝負どころ。本来、夏は大忙しで国会どころじゃないはずだ。

九月上旬には首相はロシア極東のウラジオストクでＡＰＥＣ（アジア太平洋経済協力会議）首脳会議に出席しなければならない。

こうカレンダーを眺めれば、大幅延長は愚の骨頂。増税法案は成立しないし、首相も谷垣総裁も党首選を乗り越えられないだろう。首相は腹をくくって十五日までに「話し合い解散」で谷垣総裁と話をつけるしかない。この一週間で決断をためらったら本当に終わりだ。

輿石留任は最大の失敗人事

国政進出を狙う橋下徹大阪市長の勢いが怖い、いま解散すると既成政党がぼろ負けだって腰を引く政治家が両党ともに多いけど、お話にならない。今だからこそ野田・谷垣トップ会談で消費税を通すことが「決められる政治」の証明になる。「話し合い解散」を新しい政治体制につなげることだ。

二人で「選挙後は民主、自民の勝った方の党首が首相、負けた方が副総理」とあらかじめ約束して総選挙に臨めばいい。堂々と戦い、終わった後は衆参両院のねじれも乗り越えた安定政権を創る。これくらいの芸当ができなきゃ政治じゃない。

それにつけても、政治日程一つ創れない官邸は情けない。つまるところ、首相を支える参謀がいない。頼れる軍師がいない。

首相は何しろ人事が下手だからね。参院で問責決議を食らった田中直紀前防衛相だって、参院外交防衛委員長の経験者だからと国会便覧で見ただけでポストを決めたのはいただけなかった。

少子化担当相は小泉政権で初めて置いたポストだ。いまは小宮山洋子厚労相の兼務だが、野田政権になって一年も経たないのにもう四人目。民主党に政権交代して二年半で九人目だというんだから参ってしまう。

一月に岡田克也副総理を入閣させた時に、何でもかんでも兼職させたのが間違いだった。いざ、増税法案の特別委員会で矢面に立つことになって、少子化や公務員制度改革まで担当していては身動きが取れないと気づいて慌てて外した。官邸にプロがいない証拠だよ。

小泉郵政解散の時は、衆院では二階俊博特別委員長を起用した。自民党の選挙対策を取り仕切る総務局長のまま、兼任してもらった。この人事を見ただけで、小泉官邸の解散への腹構えが無言のうちに伝わったはずだ。今の民主党の特別委の布陣は何をかいわんやだね。

六月四日の内閣改造も期待外れだった。輿石幹事長こそ最大の失敗人事だ。小沢氏も説得できず、やることなすこと首相の足を引っ張るなら切るべきだった。テレビに映りたいだけの補佐官も切れって言ってきたんだがね。これじゃ本当の膿を出さずに上からバンソウコウを貼っただけ。心配だよ。

（二〇一二年六月十四日号）

なぜ「官邸崩壊」が続くのか

私が仕えた小泉純一郎の後、日本の首相は毎年くるくる代わる。小泉官邸との違いは色々あれど、声を大にして言いたい一つは「現職の国会議員は絶対、首相補佐官にしちゃいけない」ってことだな。安倍内閣からこの悪習が始まったんだが、およそ機能していない。

昔から「首相官邸には三つの山がある」と言う。首相、その女房役で内閣全体ににらみを利かせる官房長官、霞が関のドンと呼ばれ、官僚機構を仕切る事務担当の官房副長官の三人を指す。

この三つの山のタテのラインの意思疎通に心を砕く。官邸から一府十二省へのトップダウンの指示、逆に各府省からのボトムアップの報告が円滑に伝わるようにつなぐ。これが各府省から官邸に出向する秘書官や参事官らスタッフの職責だ。

内閣法には補佐官の職務はこうある。「内閣の重要政策に関し、首相に進言し、及び首相の命を受けて、首相に意見を具申する」。行政的な権限は何もなく、専門知識を生かして首相にじかにアドバイスするのが立法の趣旨だ。

補佐官は国会答弁にも立たないでしょ。権限がないから国会への説明責任も負わないわけだ。徹頭徹尾、首相に尽くす黒子役に徹しなければいけない。自分のことは一切合財殺さなきゃ務まらない。テレビに露出し、記者会見でぺらぺらしゃべるなどとんでもない。

でも、国会議員は選挙の洗礼を受けている。地元に帰れば有権者から国政報告しろって求められる立場だ。そこで「私は裏方なもので」なんて四の五の言っていたら次は落選だよな。常に表舞台に立って自己宣伝もしないわけにいかない政治家は補佐官には不適格なんだ。

しかも、補佐官になると秘書官はどこだ、個室と公用車を寄越せとみな大臣気分でしょ。本当は何の権限もないから官僚をアゴで使うなど許されないんだけどね。大臣と補佐官が張り合う「二重行政」も日常茶飯事だ。両者から矛盾する命令が出て官僚は右往左往。とにかくロクなことがない。

野田官邸の補佐官も五人全員が民主党議員だ。手塚仁雄補佐官はぶら下がり取材を受ける野田首相の後ろで必ず背後霊みたいに画面に映る。目立ちたがりは止めろってだけじゃない。あれでは視聴者の目線が首相の顔に集中できないから、政治的に大きなマイナスだ。

発令内容を見ると、本多平直補佐官は「内政の重要政策に関する省庁間調整を担当」。これがホントなら藤村修官房長官より偉いのかね？　寺田学補佐官は「行政改革及び社会保障・税一体改革を担当」。実際は岡田克也副総理を手伝っているらしいが、補佐官が副総理に仕えるのは内閣法違反だよ。

首相は民間人の森本敏防衛相を抜擢した。人柄も能力も素晴らしいけれど、わざわざ政治責任の取れない非議員をサプライズ狙いで大臣にして物議を醸している。一方で「外交及び安全保障を担当」する長島昭久補佐官は議員なのに、国会にも出ず裏でやりたい放題。これじゃ話が逆だろう。

東日本大震災後に大勢の内閣官房参与を泥縄で任命して混乱した菅前首相が象徴的だが、民主党は民間人の使い方も分かってないな。鳩山内閣から稲盛和夫京セラ名誉会長を内閣特別顧問として迎えているけど、発令内容を見て唖然としたね。

「国政全般につき、大所高所からの指導・助言を行う」だって。森羅万象何でも「指導」するっつうんだから、首相より偉いじゃないか。こんなすごい顧問がいるなら、大臣もいらないよ。頼む方も頼む方だけど、受ける方も受ける方だな。開いた口がふさがらないね。

（一二年六月二十一日号）

「裏方」を大事にしない岡田副総理

小泉純一郎は二〇〇二年に今の新首相官邸の最初の主になった。首相執務室は五階にある。同じ階に部屋を作ったのは官房長官、三人の官房副長官、そして官邸事務の要になる総務官だ。民主党政権はこの意味が分っていないようだな。

副総理室も五階に用意したが、そんなのはどうでもいい。霞が関のドンである事務担当の官房副長官と、それを支える総務官を抜きに官邸の仕事は回らない。

総務官の仕事は多い。各府省との窓口で、閣議案件を整理し、重要人事もさばく。首相の施政方針演説などの原案も各府省と調整して取りまとめる。内閣の窓口として国会や最高裁との折衝に当たる。宮内庁と連絡して皇室日程への目配りも忘れちゃいけない。

事務副長官と同じで旧内務省系のキャリア官僚が就くポスト。現職は旧厚生省、前任者は旧運輸省の出身だ。

首相執務室前の廊下には、内閣記者会が来客をモニターできるようカメラを設置してある。ただ、種明かしをすると「裏動線」もあるんだ。官房長官ら五階にいるスタッフはカメラに映らずに首相執務室に入れる。

一月に登板した岡田克也副総理は野田佳彦首相より偉いつもりか知らないが、事務秘書官も首相並みの人数だそうだ。秘書官が執務するスペースが足りないと称して総務官室を有無を言わさず二階へ追いやり、副総理室を広げたと聞く。

パーティー客や官邸見学の団体を待機させる大部屋を半分に仕切って総務官室を押し込めたらしいな。官邸の表玄関があるのは三階だから、地下室だね。こんな調子だから官邸がちっとも機能しないんだよな。

総務官は昔で言えば、殿様の御簾《みす》の奥のそのまた障子の裏に控えているような裏方中の裏方だ。首相執務室のそばに置き、いつでもすぐ隠密裡に呼べるようにしておかなきゃダメなんだ。

例えば、野田首相が衆院解散を決断したとする。閣議で決定するに当たっては、天皇陛下から解散詔書をいただいて来なければならない。これは総務官の仕事だ。

あるいは内閣改造の直前になると、新閣僚の補職辞令などを予め用意しなくてはならない。これも総務官が引き受ける。

五階にいれば、首相が解散や内閣改造を決意し、総務官が執務室に足繁く出入りしても内閣記者会に気づかれない。でも、二階から五階に行く裏動線はないんだよ。総務官が一日に何度も往復しただけで記者団は「怪しい」ってなっちゃう。

小泉は一度も副総理を置かなかった。自民党政権でも金丸信氏など時々は置いたけど、官邸では執務しないのが不文律だった。これを踏みにじったのはやはり民主党政権。鳩山内閣の菅直人副総理からだ。

だいたいね、副総理は憲法にも内閣法にも定めがない俗称に過ぎないんだよ。何の具体的な権限もない。その証拠に副総理には「ハム印」がない。公印のことだ。首相や各省大臣は皆、固有の法的権限の証明として持っているんだがね。

ちなみに岡田副総理は行政改革や社会保障・税一体改革の「担当大臣」も兼ねる。ややこしいが、行政刷新会議を仕切る「内閣府特命担当大臣」でもある。どれも複数の省にまたがる案件の調整役で、独自の行政上の権限がある訳じゃない。だから公印はないはずだ。

肩書が山ほどあり、秘書官が大勢いても、ハム印一つ持ち合わせない。しょせんベーコン以下なんだから、副総理副総理ってそんなに胸を張るなって言いたいね。それより総務官という地味な裏方がしっかり働けるよう野田首相には考え直してもらいたいよ。

（一二年六月二一八日号）

霞が関きっての情報通をないがしろにするな

岡田克也副総理・行政改革担当相に悪いけれど、再び激辛に言わないわけにいかないな。何かって？　六月一日の行革実行本部で決めた公用車による各省幹部職員の自宅送迎の見直しだよ。霞が関の機微が分かってない大改悪だね。

送迎は政務三役や事務次官、局長らに限定し、部長と審議官はやめちゃえって話だ。送迎対象者は半減。運転手一人当たり月八〜九万円の超過勤務手当やガソリン代を減らせるんだと。これぞ消費増税前の「身を切る改革」だ、なんて胸張ってんだから、これが一国の副総理かと情けないよ。

送迎は何のためか？　幹部は公務遂行上抱える様々な国家機密を守らなきゃいけない。通勤途中に不測の事態に巻き込まれるリスクもある。関係方面との連絡も二十四時間絶やせない。朝晩問わず一番うるさいのは自分たち与党議員だろう。

だから、公務上の知識を備えた運転手と公用車での移動が必要なんだ。楽がしたいわけじゃなくて、危機管理のためっていうのは企業の役員と同じことでしょ。

しかも、大臣、副大臣、政務官ら政務三役の公用車は一台もやめない。日本政府を支えようと志し、官一筋で三十年汗水たらして働いてきた審議官が電車通勤。風が吹いて当選しただけの課長補佐クラスの若造政務官が後部座席でふんぞり返る。おかしいと思わない？　そんなに公用車がムダでやめても公務に支障はないって言うなら、岡田氏こそ今日からタクシー乗って国会へ行けって言いたいね。

一人月八〜九万円のコスト削減って威張っているけど、行革と言えば何でもいいって短慮がけしからん。運転手にとってはその手当は生活の前提なんだから。自助努力でその分稼げったってできないんだからさ。

インテリジェンスの観点から打ち明けると、役所で一番大事にしなきゃいけないのは次官でも局長でもない。各課の「火元責任者」になっている庶務担当のベテラン職員。守衛。そして運転手だ。なぜなら、こういう人たちこそが霞が関きっての情報通だからだよ。

各府省に「運転手会」という親睦組織がある。大臣車の運転手が一番格が高いね。次官から局長から様々な幹部の車を担当して、最後に大臣車だから。幹部の性格も行状も何でも知ってるわけだ。さらにその上にいる大ボスが「車庫長」さ。

一府十二省に首相官邸も合わせて十四人で集まる「霞が関車庫長会」というボス会議だ

ってあるんだからね。ここに集まる情報は全霞が関の貴重な共有財産ですよ。賢い各府省幹部は運転手を大事にする。口コミ情報でこっそり部下の勤務評定したりね。そんな意味も分からず安易に手当カットなんて、岡田氏は今ごろ運転手会でクソミソだろうな。

彼らにかかっちゃ宮澤喜一元首相も「ウチのキューピーがよ」で、あだ名は一生「キューピー」だった。大物の大蔵事務次官と言われた斎藤次郎日本郵政社長（当時）の「デンスケ」も著作権は運転手仲間だね。マージャンで「デン」と叫んで上がるからというのが通説だが、話はそれじゃ終わらない。

国会議事堂そばの今のキャピトルホテル東急の辺に「国会」という雀荘があったんだね。いつも「ちょっと『国会』へ行ってくる」と出かけるんだ。何も知らなきゃ政治家根回しでご苦労さま、だけど、運転手仲間じゃ「昼間からまた『国会』かよ」と有名だった。

ウラもオモテもすべてお見通し。霞が関の「家政婦は見た」の世界なんだから、気をつけなきゃいけないんだよ。岡田氏にどんなあだ名がつくか、楽しみだな。

（一二年七月五日号）

小泉元総理が自民党総裁ならどうするか

小泉純一郎元総理が自民党総裁ならどうするか。この一週間、そう考えて小沢一郎氏の民主党離党騒ぎを眺めてたら、血が騒いじゃってね。谷垣禎一総裁にズバリ、言いたい。直ちに内閣不信任決議案を出し、野田佳彦首相を衆院解散・総選挙に追い込め、とね。

ねじれ国会で首相が消費税増税法案を通したいなら、谷垣総裁に抱きつく「話し合い解散」しかないと思っていたんだがね……。いてもたってもいられなくて。

解散密約説も流れたけど、首相は三党合意で大きく譲歩した後も最低保障年金とかマニフェストの旗は降ろさないって言い張るし、どうも二枚舌っぽいだろ。法案成立させちゃえば解散しそうもないんだよな。

谷垣総裁は自民党の言い分を相当にのませたよ。野党第一党の党首がこれほど思い通りに日本の政治を動かしている瞬間はないんじゃないか。でも、肝心要の解散問題で首相が信用できないなら、そのパワーをどう使うかもっと自覚して欲しい。今こそ桶狭間だよ。

「飯島君、政治家もメディアも誰も分かっちゃいないぞ。でも、君なら分かるだろ」

小泉元総理がこうまくし立てる声がどこからか聞こえてくる気がしてしょうがないんだよな。小沢氏が決起し、民主党がガタガタの今こそ、谷垣総裁は不信任案で勝負しなきゃ。それも増税法案が成立する前だよ。

いいかな。法案が成立するまではねじれで谷垣総裁に政局の主導権がある。だけど、法案が通ってしまえば、首相が息を吹き返して主導権を握ってしまう。立場が逆転した後で、解散に追い込もうったって手はない。そこが決定的なんだよ。

法案成立前に不信任可決なら「不退転で成立」と誓った首相は間違いなく解散せざるをえなくなるだろ。可決するには小沢一派の数が足りないんじゃないかって？　分かってないね。分裂した民主党内に残る造反組も含めて何が起きるか。出せば通ると見るべきだ。

今なら自民党は衆院選も勝てる。財政危機なのに、消費税増税法案が廃案でいいのかって？　政権奪還が先だよ。政権取り返したら、消費税増税も社会保障改革もすぐ好きにやればいい。三党合意や国民会議なんかもう関係ない。その方が早く実行できるじゃないか。

小泉流に言えば今は「政策の谷垣じゃなく政局の谷垣に徹しろ」ってことだな。自民党にも解散反対論？　石原伸晃幹事長あたりが四の五の言おうが無視すればいい。こんなのは総裁の腹一つ。郵政解散だって誰も信じてなかっただろ。小泉総理だって人の話など聞きやしないで一人で決断したんだ。

郵政解散の少し前を思い出す。私は地元の長野県で講演して「郵政民営化法案が否決なら解散だ」という見立てをしゃべったことがあった。小泉総理は内心、そう決断しているに違いない、と勘が働いたから水先案内であえてぶち上げたけど、相談したわけじゃなかった。

「秘書官ふぜいが余計なこと言うな」と怒るかと思ったけど、小泉総理は何も言わなかったね。これはやはり、と思っていたら以心伝心。案の定解散だったわけさ。三十年仕えたから、多くの言葉は要らない間柄だった。

今度も同じ勘が働いてむずむずするんだよ。「君なら分かるだろ」って小泉元総理の怒ったような声が耳の奥底から響いてくるんだ。

私も自民党員のはしくれとして、言わせてもらいたいね。谷垣総裁よ、老いた元秘書官の血の叫びを聞いてほしい。乾坤一擲、今すぐ首相に不信任案を突きつけるんだ。さもなければ、首相より先にあなたが野垂れ死にしてしまいますぞ！


（一二年七月十二日号）

内閣官房参与の面倒を国交省がみる不可思議

「決断する政治」と力む野田佳彦首相だけど、官邸の足元もいま一度見つめ直してもらいたいね。箸にも棒にもかからない民主党議員の首相補佐官連中はこの欄で既にぶった切ったけど、内閣官房参与を名乗る有識者もどうも気になるよな。

東日本大震災後に菅直人前首相がお友達の学者らを手当たり次第に参与にしちゃって大混乱したでしょ。彼らの個人的意見をつまみ食いし、脱原発だなんだって霞が関を無視して突っ走ったから、官邸が崩壊したわけだよ。

野田首相は官僚を使いこなす路線。参与も大半は切って、すっきりしたと安心したんだがね。気がつくと前観光庁長官の溝畑宏参与なんてまた任命するからさ。

溝畑氏は元自治官僚だ。大分県に出向した縁で、Ｊリーグの大分トリニータの経営にも腕を振るったけど、最後は破綻に近い状況で辞めたんだよね。それを民主党政権で国土交通相になった前原誠司氏が観光庁長官に一本釣りしたんだな。

二人とも京都出身、同世代で旧知の間柄と聞く。紛れもない「政治主導」人事だったわけさ。二〇一二年一月までの任期二年と言われていたのが、ごちゃごちゃして三月まで在任が延びた。やっと退任したと思いきや、五月には参与就任だから。

国交省は溝畑氏が落下傘で来た当初から迷惑顔だったから、慰留するわけない。本人が残留工作に走ったか、民主党の有力政治家が動いたか。これ以上の憶測は慎むけど、さすがに長官続投は無理筋で、首相がやむなく内閣官房参与にしてお茶を濁したとしか思えないよ。

それ以上に官邸としてなってないのはここから先だ。首相は自ら溝畑氏に辞令を交付し、藤村修官房長官は「新成長戦略の推進、特に観光立国の実現に関し、首相に情報提供や助言をしていただく」と胸張って説明していたよな。でも、主要紙の首相動静欄を見る限り、発令後に首相に公式に面会した記録はゼロだ。これじゃまったく意味ないよ。

しかも、霞が関合同庁舎二号館の一室を拠点にしているらしいね。二号館は総務省や警察庁、国交省の一部など色々な役所が入る高層ビルだ。国交省の本館はお隣の古い三号館だけど、目立ちにくい二号館の部屋を使わせたんだな。でも内閣官房の参与なのに、国交省が部屋を用意するなんて、おかしいと思わない？

国交省は事務の手伝いをさせる女性職員にわざわざ内閣官房と併任の辞令も出したと聞

くから笑っちゃうよ。「ウチで預かるのは筋違い」と重々分かってるから、辻褄を合わせたんだろうけど。二号館で手も洗うし、電気も使うわな。光熱水道費は国交省予算じゃないの？　こんな話は霞が関百年の歴史で前代未聞だぜ。

そもそも内閣官房参与は一般職の国家公務員で「非常勤の諮問的官職」だから。給与は日当制で一日二万四千三百円。週当たりの勤務時間も常勤職員の四分の三が上限だ。つまり、毎日来る仕事じゃないってことさ。参与が部屋を持つこと自体おかしいのよ。しかも国交省になんて、いまだ長官気取りだ。

参与の職務は「首相の諮問に答え、意見を述べる」に限られ、好き勝手にあちこち動いていい立場じゃない。非常勤でも「政治的行為の制限」「営利企業の役員等の兼職禁止」「他の事業・事務の関与制限」など国家公務員法の厳しい規律も守ってもらわないと困るしね。

官邸から目の届かない国交省で野放し状態になっていないか心配だよ。こういう適当な人事が霞が関の士気をたちまち下げるんだよ。情けないったらないよな。


（一二年七月二十六日号）

なぜ野田首相はデモを音と言ってしまったのか

官邸前で毎週金曜日の夜に脱原発デモが続いているな。「大きな音だね」。野田佳彦首相はこうぽろっと漏らしただけで「音とは何だ」と参加者の猛反発を食らっちゃった。内閣総理大臣の一言って本当に怖いものだ。

あれは夕刻、首相が仕事場の官邸から住居部分の公邸に歩いて引き上げる際に傍らにいた警護官（ＳＰ）に向かって話しかけたらしいね。追いかけた記者団にそれがたまたま聞こえた。意識した発言じゃなかった。

その後の首相は「（音と）言った記憶がない」と釈明したり、一転して「様々な声が届いている」とか「多くの声を受け止めていく」とことさらに「声」を強調するようになったよね。この欄でも何度も苦言を呈しているけど、小泉純一郎元首相のように毎日ちゃんと記者団のぶら下がり取材に応じて答えていれば、「大きな音」なんて不用意な発言をメディアに流されることは防げたはずだよ。

ただね、小泉元首相とともに今の新しい官邸と公邸に最初に入居し、内情をよく知る元秘書官として言わせてもらえば、この件に限っては野田首相もやや気の毒なんだよ。

というのは、少なくとも官邸や公邸の建物の中にいる限り、外界の物音って実はほとんど聞こえないんだよ。ガラスは相当な衝撃にも耐えうる防弾だし、超強力な防音対策を施しているもんだから。これ、ホント。

ヘリコプターの離着陸時の轟音であれ、落雷であれ、街宣車のスピーカーであれ、「何か外でかすかな音がしたな」と「音」だと感じることはあっても、「声」として聞こえることなどありえない。だいたい何の音かも分からないくらいだから。

だから、官邸前でデモが何時間続いていても執務室にこもっている首相が気づかなくて不思議はないのさ。官邸を出て公邸へ移ろうとしたところで、初めて「大きな音」が耳に届いて本当にびっくりしたんだろう。

首相の側近はこういう「音は聞こえても声は聞こえない」官邸の実情こそ、きちんと情報発信してフォローしなくちゃダメだよな。内閣記者会だって同じ建物に常駐しているんだから分かっているはずじゃないか。

ちょっと批判されたからと言って「官邸にいても国民の声はよく聞こえます」なんて取り繕ったら今度はウソになっちゃうからね。首相も世論受けを意識しすぎないで、ホンネで押し通してもらいたいもんだね。

新官邸は窓も一切開かないって知っている？　全館、自動空調が行き届いているから、初めから物理的に開かないように設計してある。

小泉内閣の遺産の一つに夏のクールビズがあるでしょ。ノーネクタイで大号令をかけて間もないある日の朝のこと。官邸に出勤した途端に小泉元首相が雷を落としたことがあった。「表より官邸の中の方が暑いぞ。どうなってるんだ」ってね。

たまたまその日に限って涼しい日だったんだな。でも、官邸内は常に二十八度に空調を設定していたから、外より中の方がもわっと暑かったんだ。「全館空調だからって、何もわざわざ外より暑くする必要はないじゃないか」ってご立腹さ。

官邸という閉ざされた空間で過ごす首相は与党内や霞が関の耳障りな情報が入らなくなって裸の王様になりがちだと言われるよね。今の建物は設計構造からして文字通り、外の声や風から遮断されているわけだよ。シャレにならないのさ。

だからこそ、側近スタッフは永田町や霞が関にアンテナを張り巡らし、主の耳に外界の声を入れるよう心がけなきゃいけないね。おーい、あ、聞こえないか！

（一二年八月九日号）

野田首相よ、今こそ〝刺客〟を立てて解散せよ

猛暑の中、国民的関心事はロンドン五輪での日本人選手のメダルラッシュだ。政局なんか見向きもされないぞとあれほど警鐘を鳴らしておいたのに、案の定、与野党は不毛な駆け引きばかりだ。お話にならないよ。

野田首相は早く衆院解散・総選挙を決断すべきだな。今度は自民党が比較第一党を占めるという意味で勝つのは間違いない。負ける選挙はやりたくない心理は分かるけど、首相にとってこそ早い方がいいんだ。

その理由は橋下徹大阪市長が率いる地域政党「大阪維新の会」の動向にある。維新は三百小選挙区のうち「二百九十で候補者を立てる」と言う。何この中途半端な数字、って思わない？　実は大阪府を中心に、公明党が公認候補を擁立する選挙区には対抗馬を立てないという意味なんだよな。

いま選挙なら、維新が小選挙区で勝てるのは大半が大阪府で、最大二十八議席。比例代表も全国十一ブロックで各一〜二議席は取るだろうけど、合計四十〜五十議席という線だ

な。やはり、全国的な広がりには欠けるのさ。

橋下維新は現職の国会議員をよそから五人スカウトして、公職選挙法上の政党要件をクリアする方針を打ち出したよね。そうなれば、小選挙区でも政党として候補者の届け出ができ、比例と重複立候補も可能になる。

ただ、維新に行きたがる議員って、落選が決まってるようなヤツしかいなさそうだろ。そんなの入れたら、有権者は一気に冷めちゃうぜ。維新の「終わりの始まり」になるはずさ。黙ってても当選できる実力議員を引き抜けるかどうかが分かれ道だな。

先へ行くほど態勢が整う維新から深刻な影響を受けるのは自民党じゃない。民主党だからね。大阪では藤村修官房長官、平野博文文部科学相、樽床伸二幹事長代行ら指導的立場の面々が軒並みヤバいんだからさ。

来夏の衆院の任期満了まで先延ばししても、民主党の議席の激減は避けられない。だったら、大阪の惨状を少しでも救い、幹部級を生き残らせるには、維新の地固めと候補者擁立が進んでいない今しかない。民主党代表なら「質の確保」を重んじて決断すべきなのさ。

そもそも内閣総理大臣の権力を突き詰めると、解散権と人事権なんだよ。その伝家の宝刀をいつ抜くのか。二〇〇六年、小泉総理が退任した後の自民党は三人の総理が短期間に代わり、任期満了に近い形の解散に追い込まれてしまった。その結果が、民主党三百八議席の圧勝、自民党は百八十一議席を失う大敗さ。今回は逆に、民主党の総理が一年で代わり、野田首相で三人目。このまま、解散を先延ばししたって、負け数が大きくなるだけ。今、解散すれば民主党は第二党でいられる。そうなれば、第一党の自民党との大連立の話も出てくるだろ。維新の選挙準備が整えば、民主党は第三党に転落する危険性だってあるんだぜ。

ただ、野田首相や民主党を見ていると、選挙に向けた動きが伝わってこない。どうしても、衆院選準備にひと呼吸必要だって言うの？　なら、今国会で消費税の増税法案を成立させて、九月二十一日の民主党代表選は野田無投票再選で党内を固めないとね。そして二十三日の自民党総裁選を高みの見物する展開がいいやな。自民党が激しい戦いをやってしこりを残したと見たら、直後に解散。これが首相の立場に立てば、最高の選択肢だよ。

自民党も早く「話し合い解散」にこぎつけて、谷垣禎一総裁のもと一致団結して衆院選に臨むのがベストだって言ってきたんだけどねえ……。野田・谷垣会談で、勝った方が首相、負けた方が副総理で支えて大連立を組むという前提で選挙をやればいいんだがな。

谷垣体制ではどうしてもダメで、総裁選で「新しい自民党」に脱皮だって言うなら、名前が出ている石原伸晃幹事長とか、石破茂前政調会長などの有力馬はみな五十歩百歩。ならば次の首相にふさわしい清新な自民党総裁は誰か。ズバリ、小池百合子前総務会長を担ぐしかない。

与野党広く見渡しても、憲政史上初の女性首相候補たり得る政治家はなかなかいない。自民党のみにいる。これは重要なポイントだ。二〇〇八年の総裁選に出馬した実績もある。この時は小泉純一郎元首相も小池支持だったけど、オレは安直な世論受け狙いで言うんじゃない。

実は準備していた郵政解散

政治家には「ハコ型」と「街頭型」の二種類がいる。

「ハコ型」は後援会名簿をしっかり整え、一人ひとりの支持者の顔が分かるタイプだ。屋内集会をこまめに開き、政策を披瀝しながら支持を広げていく手法だ。十五年ほど前まではこれが永田町の主流だったんだ。

ただ、無党派層への広がりに乏しい。そこで出てきたのが「街頭型」だ。駅立ちなどで有権者にアピールする。誰が支持者かもよく分からず、政策も明確じゃないが、風が吹けば、それに乗って当選を狙う。

日本新党から出た小池氏は街頭型の先駆者だったけど、いくつも政党を渡り歩き、自民党でもまれてハコ型へ衣替えを図ってきた。でも、政策面はまだまだ。女性だから、風が吹きそうだから、と言うだけじゃあ推せないよ。条件がある。

小池氏が本気で女性宰相を目指すなら、無類の政策通である与謝野馨前経済財政政策担当相を内閣の重鎮ポストに据えること。そうしない限りは持たないね。

昨夏に与謝野氏がまとめた消費税率一〇%の成案がなければ、民主党政権で一体改革は実現できなかった。

街頭型の女性宰相をハコ型の政策職人が支える。これくらい思い切った手を打たなけりゃ、面白くならないぜ。

思い起こせば、七年前も今年と同じように暑い夏だったな。八月八日、参院本会議で郵政関連法案が否決され、小泉総理は即日、解散に踏み切った。ただ、法案が否決されたら、解散することは明言していたし、反対した議員のいる選挙区には〝刺客〟をたてる準備を水面下で進めていた。だって、郵政民営化に賛成する自民党議員が選挙区にいないと、有権者は意志表示できないことになるだろ。だから、選択肢を示す意味で準備を進めていたのさ。

　もし解散があるなら、野田首相も消費増税に反対した議員の選挙区には、賛成の民主党候補をきちんと立候補させて、有権者に選択肢を示してほしいね。

（一二年八月十六・二十三日号）

首相が一年で代わるのは黄金竹の呪いか

小泉純一郎元首相に仕えて今の新しい官邸で執務を始めたのは二〇〇二年だった。実はそれ以来、秘書官を辞めた後もずっと心に引っかかってきた話がある。今回はそれを告白しよう。

今の官邸は三階に当たる正面玄関を入ると、二階から屋上まで吹き抜けの中庭が目に入る。竹林と切り出したままの花崗岩の組み合せだね。竹は「天に向かって伸びる未来への挑戦」、石は「大地に腰を据えた力強さと安定感」を表すと言う。和をイメージした新官邸のシンボルというわけさ。

中庭の竹林は孟宗竹だ。一方、五階にある首相用の食堂の坪庭にも竹をあしらっている。こちらは「黄金竹」という種類なんだよね。その名の通り、見事な黄金色なのはいいんだけど、ひとフシごとに色違いでグリーンの縦じまが入るんだな。一目見た瞬間から、どうも、内閣が短命でどんどん交代する姿を暗示しているような気がしちゃってさ。

縁起でもないから黙っていたんだよ。幸い小泉内閣は五年五カ月続いたけど、案の定、その後の首相は一年でくるくる代わるでしょ。黄金竹の呪いじゃないかなんて言うと怒られるかな。

今は首相公邸になった旧官邸は、縁起担ぎを様々考えた意匠を凝らしていたね。時の内閣を長続きさせようという熱意が建築物そのものに込められていた。

屋上の国旗掲揚台には四羽のミミズクの彫り物が止まって、四方に目を光らせていた。ローマ神話に登場する知恵と武勇の女神、ミネルヴァの使いさ。知恵の象徴として官邸の役割を表しているとか、夜行性なので不寝番として首相を守っている、など諸説あって、旧官邸のシンボルだった。

「男の花道」と呼ばれた正面階段の裏側の壁に三匹のカエルの彫刻もあったな。これは首相の来客が長時間、官邸に滞在すると「オレも」とやる気を出して首相の椅子が危なくなる、と。だから「早くカエル」という意味だったとか。

正面階段を上がると、池上秀畝《しゅうほ》氏の大作「鷲」のついたてが来客を出迎えた。荒れ狂う海に浮かぶ四つの岩の上で鷲がカッと目を見開き、羽ばたいていた。岩が北海道、本州、四国、九州で「ワシが荒れ狂う日本を治める」構図に見立てていたものさ。

「鷲」のついたては新官邸に引っ越した時に、小泉元首相が閣議室の前に飾るよう指示した。鷲が内閣を守ってくれるようにね。いまどうなっているかな。民主党政権はどうせこれらの故事や謂れなんか何にも知らないだろうけどね。

小泉内閣になった時点で新官邸の工事は進んでいたから、オレもなかなかアレンジできなかった。

モダンなたたずまいを見て「体育館」なんて陰口もたたかれたけど、まあ、単なる構築物だな。だから、黄金竹も心残りなんだけど、建物の周囲の植栽にはかなり気を使ったんだよ。例えば松の木は指導者の館にはふさわしくないって植えるのを止めさせた。

松はお墓を造る時でもあの世で「待つ」になっちゃうから、よくないって言うじゃない。官邸の新しい主を「待つ」ようでは困るだろう、とダメだしした。

代わりに桜をどんどん植えちゃえと。外壁の外側の道路際までかなりの本数あるから、春は見事に咲くでしょう。これは官邸に入る前に外でみんな散ってしまえばいいという意味なのさ。

野田佳彦首相ももうすぐ在任一年だけど、食堂で昼食を取るたびにあの黄金竹が目に入っているはずだよね。参ったな。もし、オレがもう一度官邸入りすることでもあれば、全部取り換えちゃうんだけどな。

（一二年八月三十日号）

橋下徹大阪市長が維新を名乗れない!?

ニュースを見ていると、橋下徹大阪市長が代表の地域政党「大阪維新の会」の勢いがますますスゴいよな。でも、表面的な報道ばかりでイライラしちゃう。

維新は国家の根幹である財政や外交・安全保障で具体的な政策を何にも明示していない。既成政党が指導者級までこぞってすり寄る姿はいかがなものか、だよ。

選挙がやりやすいよう現職国会議員を五人集めて政党になるって言うけど、その瞬間に維新の新鮮さは吹っ飛ぶよ。議員側は「このままでは完全落選組」だらけ。維新の看板で生き残りたいって保身だけだからね。

だいたい、お盆休みあたりから維新狂騒曲の音量がデカくなってきたのは、そっちに行きたい「落選組」がメディアにピーチクパーチクしゃべりまくったからだ。維新が受け入れるかどうかも決まってないのにさ。

維新が、中央政界で活動するためには、地味だけど手順を踏んで下準備をしておく必要がある。

現時点で「維新」を名乗る政党名はまだ誰も届け出てないことに気づいているかな？例えば正式党名「維新の会」、略称「維新」を届け出て、名称保護の申請をする権利は誰にでもあるんだよ。早い者勝ちと言っていい。

今日でもいい。大阪維新の会と関係ないやつが議員を五人集めて政党「◎◎維新」、略称は「維新」として設立を先に届け出てみな。そっちが本家になっちゃう。橋下市長はもう「維新」を名乗れない。お手上げになっちゃうのさ。

維新も世論の人気がすべてだってパフォーマンス優先で浮ついて騒ぐだけじゃ、砂上の楼閣だぜ。本気で選挙やるならこの辺まで周到に地固めしとかなきゃプロとは言えないよ。そんな説教している間に「維新党」オレが届け出ちゃおうか？

「落選組」とカカシ以前の素人の新人集団が維新の看板だけで大挙して当選してくれば、これはいよいよ日本の政治を瓦解させる決定打になりかねないよな。

まあ、維新から五十人当選すれば、もう無責任なポピュリズムの嵐で収拾はつかないだろうな。あの首相官邸前の反原子力発電のデモ隊と一緒だよ。「オレたちの言うことを聞け。聞かないなら許さない」ってただ叫んでいるだけでしょ。

民主党も自民党も、維新や河村たかし名古屋市長の「減税日本」に合流したいって出て行こうとする子どもの火遊びみたいな議員がひきも切らず、オタオタしているけど、歯がゆいね。もっと泰然としてほしいよ。現職議員五人集めて堂々と記者会見。いざ、新党だと胸を張っても、政党の設立を届け出るための添付書類にはその五人には他党の党籍はないっていう一筆を添えなくちゃいけないのさ。

そのためには、議員が書いた離党届とかそんなのダメ。それまで所属していた政党が国会に対してその議員の党籍離脱の届けを出さないと認められないんだ。

民主党が減税日本に行くと言って離党届を出した議員を直ちに除籍したでしょ。あんなバカはないよ。大手を振って出て行けちゃう。そうじゃなく、離党届を店晒しにしとけば、五人集まったって話はウソになる。

野田佳彦首相も谷垣禎一自民党総裁も、パフォーマンスだけで当選したい造反議員に離党届なんか出されても「衆院の任期満了まで一年じっくり考えろ」とか何とか言って、国会の手続きなんか知らん顔しとけばいいのさ。カッカして除名するなど愚の骨頂なんだよ。

既成政党もこんなひねり方も知らないんじゃ、まつりごとにならない。どうりで外交も不甲斐ないわけさ。

（一一年九月六日号）

総理が決断すれば閉会中でも解散できる

民主党も自民党も党首選で大騒ぎだけど、全く国民をバカにした話だぜ。自民党は谷垣禎一総裁が包囲網に遭ってとうとう不出馬に追いこまれたけど、いくら何でも可哀想じゃないの？

政権転落から谷垣総裁は苦節三年。消費税増税法案も悩んで責任野党として成立させる決断をし、いよいよ政権奪還の衆院選と思った矢先、汗一つかいてない対抗馬が次々出て「アンタはお払い箱」はひどすぎる。

今度の選挙は自民党は単独過半数はともかく、比較第一党は堅いんだから、はっきり言って誰が総裁でも勝てる、いや総裁不在で大島理森副総裁が先頭に立っても勝てるんだよ。こんな選挙、結党以来初めてでさ。

ここで総裁になっとけば、イコール次期首相だってスケベ心で誰もが手を挙げるけど、低次元の争いで党にプラスにならないぜ。「首相になる」と「首相が務まる」は全く別だって分かっているのかね。財務相や外相など主要閣僚を経験して、国家の根幹である財政、外交・安保、治安で見識と指導力がなくちゃ。

　だいたいさ、森喜朗元首相が政界引退を表明しておきながら「一度は谷垣続投と思ったけど、気持ちが変わった」とか口出ししたのは老害としか言いようがないよ。相変わらず影響力があるんだと誇示したがるあたり、引退宣言も体のいい選挙対策なんじゃないかと思わず疑いたくなるね。

「元首相が七十五歳にもなってまだ出るのかよ」という地元の批判を鎮めるには引退表明が手っ取り早いわな。実は後継者不在で一向に調整も進まないでしょ。

　そのうち周囲から「何とかもう一期」と地ならしが始まり、本人が「熟慮の結果、やむなく引退撤回」というシナリオが透けて見えるぜ。

　石原伸晃幹事長も谷垣総裁を支えるべき立場なのに早まって出馬意欲を漏らしてしまったもんだから、さっそく「平成の明智光秀」って絶妙のレッテルを貼られちゃったな。これは未来永劫ついて回るかもしれないから、手痛いダメージだね。

　安倍晋三元首相は、自民党がおかしくなったのは安倍内閣からだっていう国民の厳しい目線が分かってないのかな。あれも首相に誰がふさわしいかでなく、選挙の人寄せパンダを選んで見事に失敗したんでしょ。片棒担いだ側近のお友達連中も当時と全く一緒だしね。

石破茂元防衛相は小泉内閣で入閣したけど、変わり者だな。参院選で地元の鳥取県の応援に断固入らないいんだから。青木幹雄元参院幹事長もカンカンだよ。森元首相は野党の幹事長で辛酸をなめた時期に後ろ足で砂をかけて離党した石破氏を死んでも許さないでしょ。某陣営は「小泉進次郎議員はウチで決まり」とガセネタを流したな。本人がブログですぐ否定したからよかったけど、見苦しいったらない。とんでもない国民不在だよ。ここは谷垣総裁、ガンバって欲しかったな。

野田佳彦首相も消費税であれだけ助けてくれた谷垣総裁を見殺しにはいただけない。民主党も代表選で実績も経験もまだまだの細野豪志環境相が選挙の顔になりそうだとかやっぱり出るの止めたとか、他の候補者も話にならない連中ばかり。こんな茶番みたいな党首選なんかやめたらどうなの？

秋から年末にかけて立て込む予算編成や外交日程を考えると、本当は今すぐ解散して早く衆院選を終え、新政権を創るべきなのさ。

国会閉会中は解散できない？　憲法のどこにも書いてないでしょ。百二十年の憲政史上に前例がないだけで、首相がその気なら明朝にでもできるはず。野田首相よ、今こそ決断を！

（一二年九月二十日号）

橋下徹氏への公開質問状

橋下徹大阪市長がいよいよ国政政党「日本維新の会」を旗揚げし、衆院選に打って出る態勢を整え始めたな。国民の期待度は高いけど「新聞、テレビ、コメンテーターはバカばっかり」なんて発言が象徴するように、どうも雑なところが目につく。先が思いやられるぜ。

維新政治塾の九百人から公募をかけて三百五十人の候補者を擁立するって大風呂敷も首をかしげるね。どの既成政党からも、全国どこの地域でも相手にされなかった連中が選挙資金一千万円背負って集まってもカカシ以下だぜ。

秀吉亡き後の豊臣方の大坂城に、どの大名も雇わなかったはぐれガラスの浪人が山ほどやってきたけど、数だけ多くて使いものにならなかったのを思い出させるよ。

橋下氏は大阪都構想に責任があるから衆院選に出ない、市長のまま代表を兼務して党を遠隔操作するなんて無理だって。国政はそんな甘っちょろくない。小泉純一郎元首相の後は五人の首相が全身全霊で職務に当たっても、一年で力尽きてバタバタ倒れてきたんだぜ。

選挙後、当選した維新の衆院議員団ができるわな。何人通るかは別として、ほとんど何も知らない「橋下ベイビーズ」と揶揄される素人集団さ。そこで召集される特別国会で真っ先に行われるのが首班指名選挙だ。

どの党派もまず自分の党首を首相候補として名前を書くのが常道だ。だけど、憲法で首相は衆参両院議員から選ぶ決まりだから、維新の議員が「橋下徹」と書けば無効になる。ベイビーズから議員団の代表を選び、そいつに投票するしかない。こんな不真面目な話はない。

橋下氏は三百五十人候補者を立て、過半数獲得が目標だって言ってるよな。小選挙区制特有の地すべり現象でまさかの過半数が現実にでもなったら、ベイビーズから首相誕生だぜ。無責任な言動はよろしくない。

それはともかく、橋下氏が大阪にとどまっていては不都合が次々起こる。国会では衆参両院の国家基本政策委員会の合同審査会として党首討論をやるけど、非議員の橋下氏は出られない。これも議員団の代表が出るなんて意味ない。

逆に時の首相が外交・安全保障上の重要案件で全党首を官邸に招いたらどうするのかね。この場合は橋下代表が堂々と官邸に乗り込むことはできるんだけど、この手の日程が入るたびに大阪から上京するの？　今度は市長の公務がお留守だよ。

おかしいのは市長の相談相手という名目で特別顧問とか特別参与とか肩書きがつく連中が六十人もいるんだろ。その多くは維新のブレーンで維新八策の起草にも関わっているし、先の公開討論会でも上から目線で与野党議員にガンガン注文をつけてたな。

この連中は現在、大阪市議会に対しても何の責任も負わないのに、都構想などで言いたい放題じゃないか。橋下氏が本気で三百五十人立てるなら、まずこの六十人を公認で出して責任ある立場に立たせるべきだよな。

ブレーンがまたことごとく民主党焼き直しの官僚排除論者だろ。元財務省の髙橋洋一嘉悦大教授や元経産省の古賀茂明氏らはそれぞれ才能はあるだろうけど、霞が関の大組織で人の上に立つ管理職としては不適格と判定されたのさ。不適格な者がいくら古巣を声高に批判したって説得力ないよ。

竹中平蔵慶大教授もホントにいたるところに顔を出すよな。学者だか政治ブローカーだか知らないが、維新にまで首を突っ込んだ以上は「小泉元首相のブレーン」って肩書きは金輪際、使用禁止をお願いしたいね。

そういえば、髙橋氏も勝手に「小泉ブレーン」を名乗ってると聞くけど、首席秘書官としてオレが官邸にいた五年五カ月、一度も会話したことすらないからね。小泉元首相が高橋氏に会ったのは退任後に竹中氏が一度連れてきて、顔を見ただけ。これも詐称厳禁の通告だな。

堺屋太一氏も旭日大綬章まで受けた人が何を勘違いしてんのかね。民主党政権は叙勲で配慮しとかないと、何を批判されるか分からないと手を打ったつもりだったらしいけど、これだけ維新の応援団じゃ意味ないぜ。

何しろ小泉内閣でも森前内閣からそのまま内閣特別顧問として残っていたにもかかわらず、平気で小泉批判をしまくった御仁だからね。ある時、顧問や参与を元首相が会食に招くと言って名簿を調べたら名前が出てきて、即刻辞めていただいたよ。

統治機構改革をどうすべきか、橋下氏が根掘り葉掘り聞いたのが鳩山内閣のA級戦犯、松野頼久元官房副長官だという話も唖然だよ。一番聞いちゃいけないやつから聞いてどうするの?

小泉と橋下は似て非なる者

維新八策も一番のうたい文句が衆院議員の定数半減だなんていただけないぜ。議員の質の低下を国民は肌で感じている、「多すぎる」が民の声って言うけど、その出発点にまず事実誤認がある。

日本は人口約一億二千万人。衆参両院の定数を合わせて七百二十二人だから、国民一六・六万人に議員一人の割合になる。欧米主要国に比べて多いんだろうか。

米国は大統領制だから同列に論じられないけど、国民五二・六万人に議員一人でダントツに少ない。だけど、ドイツは一〇・九万人に一人で日本より議員が多い計算だ。カナダも七・六万人に一人、英国も五・七万人に一人など各国軒並み日本より議員が多いのさ。だいたいね、いま、質が低いものを数を半減したからって質が良くなるわけじゃない。勘違いしてるよな。

最近、橋下氏が小泉元首相にそっくりだという論調が目に付くけど、俺に言わせれば単に発信力があるという点が共通しているだけ。二人は似て非なる者、だよ。

小泉元首相が叫んだ「自民党をぶっ壊す」にはちゃんとバックグラウンドがあった。総裁選で勝って党員に認知されたわけでしょ。そこで公約した郵政民営化などができない。認知したはずの党内から反対が吹き出すなら自民党の存在意義なんかない。だから、解体しても当たり前だったんだ。

橋下維新はまるで違う。そもそも都構想を完遂するために国政に出るなんて国民に対してこんな失礼な話ある？　だったら三百五十人も擁立することない。日本全国を巻き込まずに、大阪府と周辺の近畿ブロックだけでやればいいんだよ。

俺は結局、橋下氏が最後は衆院選に出てくるんじゃないかと疑ってるがね。府知事選に出た時も二万パーセントないって言ってた前科がある。「次の衆院選までは代表」って妙な言い方が気になるな。そうなりゃまた評価も変わってくる。まだまだ目が離せないね。

（一二年九月二十七日号）

シンキロウと化した森元首相のロシア特使

尖閣諸島で波高い日中関係。拉致事件が進展しない日朝関係。傍から見てイライラする野田佳彦内閣の外交だけど、特に不可解なのは森喜朗元首相が引き受けたロシア特使の一件だよな。

現内閣発足からずーっとくすぶり続けているでしょ。かれこれ一年経っちゃったけど、未だに実現する気配がなかなか見えないからね。

元首相は堂々たる体軀の割にノミの心臓と言われたり、今じゃ信じられないけど、存在感が薄くて「シンキロウ」と陰口を叩かれた時期もあったんだ。特使もこのままじゃ蜃気楼で終わっちゃうのではと心配だよ。

元首相はプーチン大統領とイルクーツクでの日露首脳会談などを通じて親交を深めた。外交に弱い民主党政権がその縁を手繰って北方領土問題を打開しようとすがり、元首相も党派を超えて国益のため一肌脱ぐってストーリーなんだけど、どうも様子がおかしいぜ。

大統領は五月の就任式にも森元首相を招かなかった。もたもたするうちに、野田首相は六月のメキシコ・ロスカボスでのG20サミットの合間に大統領と初顔合わせを済ませてしまった。

おかしいのはここからだよ。野田・プーチン関係が正規の外交ルートでつながったんだから、後は直接、交渉を進めればいいだけだ。

それなのに新党大地の鈴木宗男氏が（二〇一二年）七月にハバロフスクでイシャエフ極東発展相と会って森特使派遣を持ち出し、帰国報告を受けた野田首相までが「一日も早く森特使派遣を実現したい」とお墨付きを与えて頼る。

笑っちゃうのはその直後に訪露した玄葉光一郎外相だよ。出発前に元首相を訪ねて特使を頼みますと頭を下げ、黒海沿岸の保養地ソチで夏休み中だったプーチン氏の別荘まで押しかけて森特使を受け入れてくれと米つきバッタやってたよな。

大統領は「いつでもどうぞ」と受け流したらしいけど、その後も実現しない。九月上旬のウラジオストクでのAPEC（アジア太平洋経済協力会議）首脳会議の前に実現するものとばかり信じたけど、音なしさ。結局、ウラジオで野田・プーチン再会談が実現した。

これから次官級、外相会談を経て年内に首相が訪露する段取りで合意したんでしょ。冗談じゃない。そこまで外交ルートでレールを敷いたら、もう特使なんて要らないんじゃないの？

だいたいね、元首相が大統領とそんなに親しいって言うんなら、「いつでもどうぞ」なんだから、間に他人が入ることないじゃん。自分でアポとってさっさと行けばいいんだよな。

こうなってくるとシンキロウ特使ってのは一体なんだったのかって話になるぜ。

ロシア側はあくまで友人としての個人的な訪問なら「いつでも」って認識で、政界引退を表明して先がない元首相と領土交渉なんかやる気ゼロなんだからね。これは日本の外務省も薄々分かってはいるけど、政治的に口にチャックなだけ。

元首相は野田首相とは早稲田大学の先輩後輩で「野田さんは本当にいい人だ」なんてえらい持ち上げようだよな。消費増税法案などでもさっさと協力しろと谷垣禎一総裁に説教し、問責決議案を出したら怒って一気に谷垣降ろしでしょ。首相にとってはこんなに頼もしい後見人はいないよな。

元首相をロシア特使と形だけヨイショして、政局を乗り切る抑止力として利用したなら、野田首相も参ったワルだぜ。元首相もここぞと存在感を誇示して損はないってことかな。

まさかと思うけど、オレの想像が当たらずとも遠からずなら、日本外交と国民を小馬鹿にした話。溜息が出るね。

（二〇一二年十月四日号）

先を見据えていない民主・自民の新体制

野田佳彦首相は民主党代表選で再選され、内閣改造を断行した。自民党は安倍晋三総裁が再登板。ともに新体制をスタートさせたな。公明党を加えた三党でこの先、十年の日本に責任を持ってもらわなきゃ困るんだけど、相変わらず心配だよ。

小選挙区制で二大政党化を目指したけど、国民の価値観は多様化してる。時代の流れはむしろ多党化だと思うね。人口減少、経済成長鈍化、エネルギー不足など二〇二〇年に向けて難題が次々に顕在化してくる。どれも一党だけで背負いきれない重いテーマだ。

だから、消費税率を一〇%まで引き上げ、どんどん膨らむ社会保障財源に充てようという三党合意は歴史的なことなんだぜ。こんな大増税は一党じゃできっこないよ。財政健全化と社会保障の安心を何とか支えるこの合意は責任を持って推進しなきゃマズイよな。衆院選でどの党が勝とうが、選挙後も協力して実現しなきゃいけないのに、民主も自民も先を見据えた新体制作りになってない。

民主党の代表選を見ていたら、いかに政権交代だけが自己目的化し、後のことは何も考えていない烏合の衆だったか再認識したぜ。

政策的な軸が定まっていない。政党の自己規定である綱領がない。だから政権交代の目的を達した瞬間から、大きな決断をするたびに離党者が続出する。大本にある問題はそれでしょ。

なのに首相以外の赤松広隆、鹿野道彦、原口一博の三氏はその根本の議論を何もしないで野田批判ばっかりだった。党全体の問題だって自覚が足りないんだな。首相の責任追及ばかりしているのを見て、この党はダメだなって再確認したよ。

首相も輿石東幹事長を続投させたあたりの党人事を見ると、過去の党の欠点の検証とか、三党合意を死ぬ気で推進する覚悟などが感じられないのが残念だな。

唯一、与謝野馨前経済財政相が十年先の危機に産学官の衆知を集めて備えるべきだと提言した「委員会　２０２０」構想に首相が「国家戦略会議で取り上げるべき大事な話だ」と強い関心を示したというのはありがたいと思ったけどね。

安倍総裁も危なっかしいよな。ある派閥の領袖が陣営の顔ぶれを見て「かつて首席首相秘書官だった井上（義行）が抜けただけで、後のお友達は全員同じじゃねえか」と嘆いたらしいね。

お粗末極まる「チーム安倍」の再演だけはゴメンだと思ってたら、新総裁の初会見で「報道局長の塩崎でございます」だろ。お友達代表格の塩崎恭久元官房長官が上から目線で仕切ってるんだもの、疲れ切ったぜ。

石破茂氏が地方票の過半数を取っちゃったから、幹事長にしないわけにいかなかった。ただ、新総裁と鼻息の荒い新幹事長のどっちが偉いか「二頭体制」になっちゃって、二人が角突き合わせるんじゃマズイよ。

幸い、仕事のできる菅義偉氏を幹事長代行に据えたからね。選挙も国会対策も石破氏と菅氏が話し合って実務をどんどん進め、安倍総裁は超然として高い位置から総指揮を執るスタイルになればいいんだけどね。

小泉純一郎内閣は誕生する前の総裁選を戦っていた最中から、当時の古川貞二郎官房副長官に有能な若手官僚を首相官邸に集める「特命チーム」作りをこっそり相談していたんだよな。

安倍総裁にそんな思考が凝縮された跡は見えないでしょ。総裁、幹事長に総裁選を戦った同世代の石原伸晃前幹事長も加えた「三本の矢」を中心にして、政権奪還した先まで見据えた強力な内閣の体制を今から周到に描いてもらいたいね。

（一二年十月十一日号）

維新・みんなの急な復縁、その理由は参議院にあり

臨時国会を開け、開かないで大もめだな。衆院の過半数割れ目前で、ヤバいと腰を引く野田佳彦首相と解散・総選挙に追い込みたい自民党の綱引きだ。召集が遅れた間に水面下で暗闘を繰り広げる連中もいる。日本維新の会とみんなの党さ。

維新の橋下徹代表とみんなの渡辺喜美代表は合流構想で決裂し、険悪になっただろ。それがやっぱり第三極として一緒に衆院選を戦おうなんて急に復縁の動きだ。どうもおかしいと探ったら案の定、裏があるぜ。

みんなからは上野宏史、小熊慎司、桜内文城と三人の参院議員が維新に駆け込んじゃったけど、参院のホームページで確認すると、院内会派としてのみんなはまだこの二人を含む十一人の勢力のままなんだよな。

どういうことかって？　みんなが三人の会派離脱を参院に届け出てないんだよ。小熊氏に至っては離党も認めてない。オレが既成政党が維新に議員をさらわれてだらしないって「離党拒否のススメ」をこの欄で指南したのに飛びついたんだな。

維新は三人も含めて七人の国会議員がいます、と総務省に国政政党としての届出をしたはずでしょ。「現職議員五人以上」が公職選挙法が認める政党要件さ。その後二人が加わって総勢九人と世間には公表している。

でも、一歩国会議事堂に足を踏み入れると、三人は「参院院内会派・みんなの党」所属議員に早変わりなんだから、笑っちゃうぜ。みんなにとって三人の離脱は死活問題なのさ。マニフェストならぬ「アジェンダ政党」を自称してるだろ。過激な政策を議員立法で次々に国会に出すことが唯一の実績アピールなのよ。成立するわけないけどね。

国会法上、参院で法案を提出するには十人以上の賛成が必要だ。みんなは衆院では弱小で法案提出権がない。参院会派が十人を割ると、党の存亡に関わるのさ。

今は参院で議事日程を差配する議院運営委員会に理事を出しているんだけど、議員数が減るとこれも剝奪されちゃって大打撃なんだ。

橋下氏も新党立ち上げで四千人パーティーなんて派手なことやって、あそこが峠の頂上だったよな。ここへ来て人気はガタ落ちだ。「竹島の日韓共同管理」とか政策もズサンだってバレてきちゃったから急失速だよ。こんなに早いとはね。

このまま国会が始まり、みんなが三人の離脱を認めなければ、維新は参院で独自の会派届が出せないぜ。

　橋下氏は政党のガバナンスを叩き直すとか大きなこと言ってるけど、天に唾する話だよ。議員の所属や手続きが立ち上げ段階からしてデタラメかよって話が表に出ちゃうとダメージだな。じゃあ三人の人質はどうなるかって？　維新とみんなは臨時国会が始まるまでに手打ちして、ズバリ、合併するしか解決策はないのさ。

　アドバイザーを名乗って背景が真っ黒も真っ黒の元議員まで入り込んでいくのを見ると、維新はお先真っ暗だしね。そうそう、維新の公認候補の選定委員長が竹中平蔵慶大教授だとの発表を聞いて呆れちゃったね。

　学者じゃなく政治ブローカーだと書いたら、元政務秘書官の岸博幸氏がネット上で「（竹中先生は）政策を良くしたいという気持ち」だけだとか言い訳してたけど、政党が生きるか死ぬかの国政選挙の候補者選びの責任者だなんてどこが「政策」なの？　その党の人間以外の何者でもないぜ。

　霞が関の官僚たちが竹中氏を「ヘリクツヘイゾー」と異口同音に呼んでいて、意味が分からなかったんだけど、今やっと分かったぜ。この教授、大学もこのままでいいのかね？　永久休職してからお出まし願いたいな。

（一二年十月十八日号）

安倍自民党総裁よ年内解散にこだわるな

参ったな。野田佳彦政権も統治能力のなさをここまで証明しちゃうとはね。民主党代表選で野田再選が（二〇一二年）九月二十一日。改造内閣の新体制スタートまでノロノロ十日もかかっただろ。

衆院選前の最後の人事かも知れないのに「身体検査」はゼロだったと想像するしかないスゴイ顔ぶれだしね。危ないのがうようよいるぜ。

で、野田再選からかれこれひと月なのに臨時国会を開かないでしょ。今年度予算は九十兆円規模。その財源の四割超を占める四十兆円近い赤字国債の発行を認める法案が最大の懸案だね。

これが十一月中に成立しないと大変なことになる。国の資金繰りがつかなくなって公務員給与が支払えず、生活保護もストップだ。年金の支払いだって怪しいぜ。

市中で発行できる国債がなくなるんで、国債を買って運用しようと待ち構えている資金の行き場もなくなる。市場はパニック状態さ。

それなのに民主党は臨時国会で内閣不信任決議となれば衆院解散に追い込まれかねないもんだから、選挙をやりたくない一心で召集をズルズル先送りしている。全くお話にならないな。

だけど、攻める自民党も情けない。安倍晋三総裁も石破茂幹事長も何とかの一つ覚えみたいに「近いうち解散の約束は年内が常識」「年内解散を確約しなきゃ国会審議に応じない」と拳を振り上げるばかりだろ。

年内の衆院選は十二月九日投票がタイムリミットだって大見得切って、公明党まで足並み揃えちゃってさ。

白状するけど、総裁選の直後にテレビ番組で石破幹事長と共演したんだよな。オレが「予算編成を考えると、年内は十二月九日投票が期限でしょう。ちなみにこの日は大安ですがね」って言ったら、石破氏がハッとなってメモしてたんだ。

ははあ、カレンダー見てなかったんだなと思ったら、翌日の別のテレビで胸張って「十二月九日は大安です」なんてそのましゃべってんだもの。そこから我も我もと乗っかってきちゃった。

言い出しっぺとしちゃ嬉しいけど、一つの選択肢を指摘しただけなんだからね。天下の自民党は一本調子じゃなく、多面的に戦略を考えなきゃ。ポケットは服の表だけでなく裏にも必要で、カードは何枚も忍ばせておかないと。これじゃあ政権復帰した後が心配になるよ。

安倍総裁も臨時国会を無条件でいいからさっさと開けと民主党にボールを投げた方が良かったんだけどな。

民主党はそれでも解散を恐れて年明けまで国会を開かないかもしれないが、赤字国債発行法案を放ったらかして市場を大混乱させた責任は、ひとえに首相が負わなきゃならなくなるよね。

国会が始まりさえすれば、自民党は予算委員会で閣僚の疑惑をいくらだって追及できちゃう。参院で問責決議を連発してもいいしね。

つまり、野田政権はもう持たないってことなんだよ。国会を開く前から沈没が決まっているようなものさ。

野田降ろしで民主党四人目の首相、なんて最後の悪あがきをやるかも知れないけど、二度と政権を担当する資格のない政党というレッテルを貼られるだけさ。

ここまで来たら、自民党は来年夏の衆参同日選挙まで持って行ってもいいという腹をくくった方が得策なのさ。民主党政権がこの体たらくで行けば、惨敗の流れは変わりようがない。自民党は衆参ねじれも解消して完全政権も夢じゃない。

安倍総裁が頑なに「年内解散」を叫んで空振りすれば、責任論のブーメランが自分に戻ってきちゃうぜ。余計なこと言うのやめて粛々と国会を開かせなさいって。「沈黙は金」だよ。

（一二年十月二十五日号）

メッセージの伝え方を知らない野田首相

「近いうち解散」を巡る三党党首会談の決裂で、自民党の安倍晋三総裁も公明党の山口那津男代表もカンカンだな。何せ民主党の輿石東幹事長が「野田佳彦首相から新提案がある」なんてにおわせたもんだからね。

社会保障・税一体改革関連法の成立まで悪役は輿石氏だっただろ。ズルズルと決着を先へ延ばして煮ても焼いても食えない男を演じ、首相は自公両党と誠実に向き合う指導者ぶってきた。今や首相こそ「ウソつき」だと言われ始めたよな。

安住淳幹事長代行は決裂後も「首相を信じていただいた方がいい」なんてまだ言っているけど、それならきちんと年内（二〇一二年）の衆院解散・総選挙もありうるってメッセージを発しなくちゃ。

首相は解散権は内閣総理大臣の専権事項だから、具体的な時期は明示できないって言い張っているけど、工夫の余地はあるはずさ。

例えば臨時国会の会期幅だ。召集は憲法上、内閣の権能で、会期は召集日に両院で議決する。衆院が優越だけどね。なお、臨時国会は後から二回まで会期の延長もできる。ここで民主党がすかさず「会期は二週間」だと提案していれば、首相が解散の「カ」の字を言わずとも、大安の十二月九日投票が念頭にあるんじゃないかって受け止め方になるはずさ。

与野党が歩み寄りさえすれば、赤字国債発行法案など懸案だけ二週間で処理し、十一月半ばの会期末に解散して「二十七日公示―十二月九日投票」はどんぴしゃりではまる日程だからね。

だけど、党首会談決裂の直後から会期は一カ月程度だという話が民主党執行部から流れ出した。これじゃあ首相を信じろって方が無理な話さ。臨時国会をどうにか乗り切ったあとは十二月は予算編成をこなして、解散は来年に先送りって腹が透けて見えちゃうもんな。あるいは、首相が本当に誠実なら「二〇一三年度予算編成は衆院選の後だ」という言い回しで、「近いうち」は年内解散だとほのめかすこともできるはずなんだけどね。「予算編成をしない政権は政権じゃないから準備は進める」と言うんだから、何をか言わんやだ。

自民党も石破茂幹事長が「ドジョウの鍋は食べたくない」とか怒り心頭なのは分かるけどさ。オレのささやきに乗って十二月九日投票がタイムリミットだとか拳を振り上げた割に、本当にその想定で動き始めたかどうかも疑問だよな。

自民党議員で選挙事務所を借り上げたとか、プレハブを発注したとか、その手の情報がちっとも流れてこないんだから。街中だって見てみな、選挙ポスター貼ってる候補者なんていいる？　本気で組織が走り出したのは公明党だけじゃないかな。

所詮、解散権は総理大臣にしかないから、自公両党も遠吠えばかりで決め手がないわな。と言って野田首相の方も臨時国会で内閣不信任決議案などのハードルを乗り切れるかどうか分からないし、赤字国債発行法案が十一月中に成立しないと債券市場が大混乱だ。

田中慶秋法相の進退問題への対処を見ていても、閣議欠席だ入院だ、本人はやめる気がないとか、更迭の手順が全く分かってない。辞表受理の時に、後任は決まってなきゃいけないのに、危機管理がなってないよな。

十一月のカンボジアでの東南アジア諸国連合（ＡＳＥＡＮ）関連首脳会議など首脳外交の日程も首相には延命のつっかい棒だな。十二月のロシア訪問は特に重要さ。ただね、こんな一寸先も闇の政局じゃ、プーチン大統領も首相に会う意味がないと判断するんじゃないかな。民間人の独り言だけどね。


（一二年十一月一日号）

民主党の生き延びる道は？

内閣支持率が二〇パーセントを割る世論調査も出始め、どうやら、野田佳彦首相の手で衆院解散・総選挙を断行するのは厳しくなったんじゃないかな。このまま来夏（二〇一三年）の衆参同日選まで我慢したって民主党にいいことないぜ。

予算を円滑に執行するための赤字国債発行法案。最高裁が違憲状態だと指弾した衆院の一票の格差是正。社会保障国民会議の早期発足。野田首相が先日の与野党党首会談で示した「解散三条件」は国家国民のためやり遂げなくちゃいけない。

民主党がこの難局を生き残るために、野田首相はズバリ、自らの退陣と引き換えに、三条件を成立させてくれと自民、公明両党と話をつけるしかなくなったね。

残念ながら、民主党政権になって四人目の首相にすげ替えるしかないのさ。新しい民主党代表、すなわち後継の首相を選び、新内閣を発足させたら即、解散総選挙を断行する。この線で三党首で談合するしかないんじゃないかな。

かつて竹下登元首相が平成元年度予算の成立と引き換えに自らの首を差し出したのと同

じ手法で、解散も組み合わせる。ポスト野田は主流派が担ぐ前原誠司国家戦略相か岡田克也副総理が有力候補だ。九月の代表選に出馬をためらった細野豪志政調会長の目はないね。

この場合は十二月四日公示―同十六日投票の衆院選になる。臨時国会の日程や円滑な経済対策、予算編成などを考えると、もたついている暇はもうないんだよ。

もしも野田首相が何とかかんとか年明けまで政権を維持して引っ張ったらどうなると思う？　それこそ民主党は四人目の首相を創る隙間もなくなっちゃうぜ。

年末に予算編成をやれば、年明けからの通常国会で成立させるのが内閣の責務だ。予算が成立したらもう四月。夏に参院選が控えているから、ダブル選挙だってなっちゃう。態勢を立て直すきっかけはなかなかないよ。

野田首相の首をすげ替えて新首相は人気が出そうだったら、やっぱり来年まで政権維持できないかって？　年内解散とセットじゃないと、自公は三条件の成立をのまないだろ。新首相が予算編成すれば、来夏の同日選まで引っ張られてしまうから警戒するに決まってる。

新首相が「予算編成は解散総選挙後」だってカードを切れば、年明けまでは引っ張れるかもしれないが、せいぜい二月選挙が限度さ。支持率にご祝儀相場の余韻があるうちに解散しなきゃ。

ここまで政局が行き詰まってしまった以上、衆院選前に死に体の民主党政権が予算編成をすべきじゃない。晴れて新政権が手がけたほうがいい。遅くとも年明けには解散しなきゃダメだよ。

自民党もやっと少しわかってきたみたいだけど、安倍晋三総裁も対決姿勢で妙に解散に追い込むとか拳を振り上げなくていいんだよ。

臨時国会解散のシナリオを阻止する動きに出るとしたら、国民の生活が第一の小沢一郎代表あたりかな。

新党を結成して間もない小沢氏には年内は政党交付金が一円も入らないからね。そこで選挙なんて冗談じゃないと。来年まで粘れば交付金が入り始めるから。

小沢氏は先手を打ってあえて野田内閣不信任決議案を出すんじゃないかな。消費増税はけしからんとか何とか自民党がうかつに乗れない理由を並べるのさ。

前国会での参院の首相問責決議案と同じだ。自民党の谷垣禎一前総裁が乗ったら、党内総スカンで失脚の原因になったやつ。それくらいしか手はないだろうよ。

日本維新の会や石原慎太郎氏の新党もまだ態勢が整っていない。野田首相は決断する時だね。

（一二年十一月八日号）

野田・プーチン会談は本当にできるのか

野田佳彦首相も臨時国会の窮屈な日程を縫ってラオスでのASEM（アジア欧州会議）首脳会合に飛んだり、政権浮揚に必死だな。（二〇一二年）十一月十八〜二十日にはカンボジアの首都プノンペンでASEAN（東南アジア諸国連合）関連首脳会議にも出るだろ。

年内最大の外交行事は十二月に計画している首相のロシア訪問だと言いたいんだろうけど、オレから見りゃ愚の骨頂。プーチン大統領が首相に会うはずがない。会っても時間のムダだと判断を下すのは間違いないね。

プーチン氏はロシア経済の大黒柱であるエネルギー関連産業の経営陣に息のかかった側近を送り込み、一通り処理を終えた。九月には太平洋沿いのウラジオストクでAPEC（アジア太平洋経済協力会議）首脳会合も大々的に主催したよな。

ここを玄関口にして、いよいよシベリアの大規模開発に十年がかりで乗り出そうとしている。これが彼があえて大統領職に復帰した最大かつ最後の目的なのさ。

仮に野田政権が続いても、自民党が政権を奪還しても、日ロ関係は政治主導では前に進まない。相手が国家資本主義の色彩が濃いロシアだってことを考えるとここは経済主導、具体的には経団連主導で行くべきなんだ。

なぜかって？　日本は今、中国と尖閣諸島で外交問題、韓国と竹島で領土問題を抱えているだろ。ここで首相がモスクワに乗り込めば、プーチン氏相手に北方領土返還を求めて日本の言い分を全面的に押し出さないわけにいかないんだよな。

プーチン氏からすれば、シベリア開発にとって国境を接する中国の人口膨張という圧力は中長期的には大変な脅威に感じられる。だから、戦略的にも日本との関係を改善したいのが本心なのさ。だけど、政治主導でのっけから北方領土問題を持ち出されてガンガンやられたら白けちゃうよ。そもそも野田政権自体がレイムダックなんだから。

外務省は次官級の事務レベル協議とか一生懸命にやっているふりをして、野田訪ロへの期待感を膨らませているな。だけど、オレに入っているインテリジェンスだと、既にロシアも安倍晋三元首相の再登板を待って日ロ関係を仕切り直そうと布石を打ち始めているぜ。

カンボジアには、十一月六日の米大統領選を受けてオバマ大統領が飛んでくるんじゃないか。八日からの中国共産党大会で習近平氏が国家主席に選出されたら、彼のお披露目にもなるよな。

野田首相がその前にプーチンと会談する段取りをつけて、日ロ接近を外交カードとして使うくらいの戦略があれば訪ロしても良かったし、「シンキロウ」と化した森喜朗元首相の特使派遣も意味があったんだよ。

残念ながら後手を踏んだな。ＡＳＥＡＮのロビー外交が終わってからロシアへ行っても、この観点からもムダなのさ。何としても先手を打って行くのが外交だけど、それができていない。

河相周夫外務事務次官は尖閣諸島の国有化を首相に振り付けたらしいけど、北京に入った米倉弘昌経団連会長に余計な発言をしないように三度も滞在先に連絡した、と聞いているぜ。幸い、随行していた事務方の判断でつながなかったみたいだけどね。中国側が盗聴しているのに気がついていないのか、知っていてわざとやってるのか、相変わらず外務省はお粗末だな。

外務省は中国外交部にしかチャンネルがなく、中南海の権力の深奥とのパイプはゼロなのさ。これじゃお話にならない。プーチン氏もバカじゃないからね。そんな外務省がお膳立てする首相訪ロなんか相手にしていないのが悲しい実態だよ。（一二年十一月十五日号）

橋本徹氏に総理の資格なし

別の雑誌で日本維新の会の道州制論に一言疑問を呈しておいたら、橋下徹代表がツイッターで怒濤のような罵詈雑言を浴びせてきたな。頭に血が上ったんだか何だかな。嬉しいけどね。

政治家には発信力、挑戦力が求められる。橋下氏には近時まれなその資質があると高く評価もしているさ。ただ、意見の違う相手を徹底的に罵倒しまくるネット上の言葉遣いを見るにつけ、指導者として広く国民の信を得られないし、まして首脳外交などできないと断定するほかないね。国際社会で問われるのは品格よ。

小選挙区制で目指した二大政党制は、民主党の統治能力の欠如もあって機能不全だ。国民の価値観も多様化し、「保守対革新」などの単純な構図はもうない。分散する民意をどう糾合するかが今後の政治の要諦さ。橋下氏がいつの日か首相になっても、衆院選で過半数を取った政権与党への支持は一億二千万人の国民から見れば一握りでしかないんだぜ。首相の雇い主は全国民だ。反橋下の国民も目線に入れてどう政策を遂行するかが大事なのよ。

自分と相反する人、支援しない人、政策論を聞こうとしない人たちすらどれくらい説得して、理解を得られるかが肝心の仕事なのに、人の意見に聞く耳もたずで罵るだけのツイッター。単なるアジテーターだよ。弁護士弁護士って言うけど正体見たり。法律論で条文と詳細に照らし合わせ論破していく、オーソドックスな能力がない三文弁護士だな。よほど反省して考え直さないと指導者として不適格。支持も広がらないな。

だいたい、俺の反道州制論に文句言う前に、さっさと大阪で府と市の二重行政解消の実績を示せと言いたいね。都構想だの何だの大風呂敷広げてる暇に、松井一郎知事と橋下市長と二人で今すぐでもできるはずだろ。

大阪都構想の先に道州制となれば、京都府や兵庫県は一体、どうするのかね？　都の広域圏に参入するなら「京都郡」「兵庫郡」になるの？　京都府の山田啓二知事や兵庫県の井戸敏三知事の意見も聞いてみたいぜ。

どうも常に誰かを敵に仕立て上げて攻撃することで支持率アップを狙う手法らしいけど、そこが橋下氏の最大の弱点であり、欠陥さ。

小泉純一郎元首相もそうだったじゃないかって？　冗談じゃないぜ。小泉氏は郵政民営化などの自分の政策を全政党に披瀝し、一致するなら何党だろうが協力するという謙虚さがあった。

自民党内では意見の違いを表に出してとことん戦ったけど、あれは総裁として権力基盤を固めるため。今風に言えば政党ガバナンスだから当然さ。政策の相違があるからと言って野党の党首を下品にこき下ろすなど絶対しなかったでしょ。一方的に罵倒の洪水を浴びせて蓋をし、物も言わせない橋下氏と小泉氏は似て非なるもの。あれを小泉流とは勘違いも甚だしいな。

小泉氏が引退したから飯島も引退しろとか、ちゃんちゃらおかしいぜ。だったら昔は小泉ブレーン、今や橋下側近の政治ブローカー、竹中平蔵氏も引退しろってそのままお返ししておくよ。

それに俺は政治評論家じゃない。当コラムも社会評論。どこの党とか関係ない。政策の中身が良ければ何党でもいいという冷静かつオープンな立ち位置だからね。

これもいい機会だ。俺との政策的な相違点、一致点がどこにあるのか、橋下氏のツイッターでの意見表明をとことん検証することにした。ライフワークにさせてもらうからさ。あなたはブレーンが五十人以上いるそうだけど、こっちはゼロの無手勝流。だけど血が騒ぐぜ！

（一二年十一月二十二日号）

選挙後も見据えた野田首相の電撃解散

野田佳彦首相による突然の衆院解散で民主党はガタガタだけど、首相の腹構えはこりゃスゴイと言わざるを得ないな。環太平洋経済連携協定（ＴＰＰ）交渉参加も覚悟を決めたんだろ。

ＴＰＰが政策としていい悪いじゃない。（二〇一二年）十一月十四日の党首討論での電撃解散宣言で首相は覚悟を証明したのさ。率直に言って安倍晋三自民党総裁のシンパであるオレも、あの首相の決断には敬意を表するよ。安倍総裁もピシッと受け答えして欲しかったけどね。

民主党は実行可能性を脇に置いたマニフェスト（政権公約）を利用して政権を取ったよな。でも政権担当後の工程表も何もなかったから、その瞬間から瓦解が始まった。重要政策を決める度に離党者が続出だ。これじゃ政権は維持できない。

首相はＴＰＰを持ち出して党内不一致を一掃しようってわけだよ。気に入らないなら何人であろうと出て行けと。瓦解同然の民主党で事ここに至ってだけど、初めて党首として腹を括ったことは高く評価するぜ。

小泉純一郎元首相のあの郵政解散もそうだったように、政党と公認候補者が政策でバラバラじゃあ話にならないのさ。選挙で問われるのは、どの政党が公約で掲げたことを一番現実にやりきれるのか。いわば「実現力」の勝負なんだからね。

衆院選は自民党が最低でも比較第一党で、政権復帰するけど、民主党も第二党にはとどまるよ。超目減りしても七十議席は行く。政権の座へ復活の可能性を残すには、ここで玉石混淆の議員をフルイにかけて一枚岩を創出するしかないのさ。

自民、公明両党で連立政権を組もうとしても、過半数に届かない恐れもあるだろ。一枚岩になった野田民主党が七十から八十議席でも確保すれば、これは消費増税を推進する三党で政策合意をやりやすくなるぜ。

野田首相の覚悟があすの民主党再生から、選挙後の国政運営まで見据えて布石を打ったものだとすれば、こりゃなかなか素晴らしいと言わざるを得ないんだな。自民党もああいう野田首相の覚悟を見て、政権奪還以前に選挙後に何をどうするのか、国民に向けて披露すべき政策の旗印の結論を出さなきゃダメなんだよ。

そういう意味で、衆院選と同日選になる東京都知事選が心配だな。候補者選びのプロセスを見るにつけね。ここでも大事なのは何をどこまでやれるのか、の実現力。なのにどうもメディアの露出度が高ければ、行政手腕に関係なく当選率が高くなる、という前提で候補者を選んでいる印象だな。

猪瀬直樹副知事の当選の可能性が一〇〇パーセント近いだろ。テレビ出演が仕事みたいになっているし、発信力が抜群なのは確かさ。だけど、自民党も自信と責任を持って支援するって言えるの？　はっきり言って、橋下徹大阪市長より大変な状態になると思うぜ。

支援した政党にガチャガチャ注文をねじ込んでくるのは確実よ。

霞が関の中央官庁から何からどこへでも突撃して、好き放題にぶちまくるだろうな。独演会が目に浮かぶよ。誰よりも都知事に一番振り回される四年間がスタートするんじゃないの？

テレビ画面で認知されているだけで、都民の九九パーセントは猪瀬氏の行政手腕なんか何も知らないぜ。石原慎太郎前知事も尖閣諸島購入、東京五輪招致、築地市場移転と全て放り出した御仁だけど、猪瀬氏も首都をこうするって何も示してないだろ。石原都政をホントに継承するかも分かりゃしない。

各党も情けない。どこも政策を軸に対抗馬を擁立できないんじゃな。でも、最後は選ぶ都民の責任も大きいってはっきり言っとくぜ。

（一二年十一月二十九日号）

「激辛選挙予測」2012衆院選

いよいよ天下分け目の衆院選が始まるな。今回、解散を受けて様々な独自データに、自分なりに全国を歩いてきた感触も加味して分析すると、三百の小選挙区では、自民党は堅調で百八十議席弱は取りそうだ。公明党も八議席は行けるだろう。民主党は思ったより歩留まりがあり、七十議席台に届くんじゃないかな。

生活は、せいぜい二議席。このうち、小沢一郎代表は落選も否定できないぞ。

みんなの党は渡辺喜美代表、江田憲司幹事長、浅尾慶一郎政調会長、柿沢未途氏の四議席だけだ。

さて、注目の維新は三十議席程度と読む。ここに旧太陽の党の二議席が加わる。ベテランの平沼赳夫、園田博之の両氏だ。ちなみにオレの手元にあるデータは両党が合併する前のものだ。

今回の選挙は十を超える政党が乱立しているけど、無所属で当選する可能性があるのが、埼玉十一区の小泉龍司、山梨二区の長崎幸太郎、福岡十区の西川京子の三人だ。議員バッジを求めて、政党や選挙区さえ捨てて右往左往する政治家も多い中で大したものだよ。比例代表百八十議席は率直に言って、正確な予測が難しい。なので、オレの読みがかなり入ることはあらかじめ断っておく。

自民党は五十五議席は取って、小選挙区と合計で二百三十議席は軽く超えそうだな。公明も比例で二十三議席取り、トータルで三十一議席が有望だ。つまり、自民単独は無理でも、自公両党で過半数を制する可能性が極めて高いと言える。

もっとも、小選挙区でも支持率で二ポイント程度の僅差で当落線上で競っている自民党候補も数十人はいるからね。この結果次第で変動はありうる。ここがどう出るかは「人寄せ三人衆」の安倍晋三総裁、石破茂幹事長、小泉進次郎青年局長を遊説計画でどう上手に全国へ回すかが問われるよ。

民主党は比例で四十五議席程度、小選挙区と合計で百二十議席弱まで行きそうだ。生活が比例で七議席と見て合計で九議席。共産党は小選挙区ゼロだが比例で七議席。みんなは比例で六議席上積みし、トータルで十議席ってとこじゃないか。

旧維新は比例で三十二〜三十三議席は取りそうで合計で六十議席を超えたあたり。旧太陽は比例で六議席上積みして計八議席。新維新としてみれば、七十議席あたりだろうな。

ちなみに維新と太陽の駆け込み合併の効果は全くない。むしろマイナスになりかねないぜ。旧太陽は石原慎太郎維新代表が比例の東京ブロックから出るけど、平沼、園田両氏以外はろくな候補者がいないだろ。旧維新側もオレが警告したとおり、とても三百小選挙区の大半を公認候補で埋める力量はない。

しかもだよ、旧維新で候補者選定委員長を務める竹中平蔵慶大教授は郵政民営化を推進した張本人でしょ。一方、旧太陽の平沼氏は民営化にとことん反対して自民党を追われ、今日まで考えを変えていない御仁さ。

こんな水と油みたいな人たちが一緒の党になっちゃうなんて、おかしくない？　小異を捨て大同に就くったって、この政策無視のどこが「小異」なのかね？

政治ってやつは一足す一が二じゃなくて四にも八にもなりうる半面、見え見えの野合をやるとゼロになっちゃう場合もあるからね。

あせった橋下徹代表代行は、みんなの党に、合流をもちかけて、候補者は「ジャンケンで」なんて言っているけど、ジャンケンで決められる程度のガラクタ候補者しかいないってことさ。そんな候補者で「日本の統治機構を変える」なんて、こんな国民をバカにした話はないぜ。

さて、ここまでをまとめよう。過半数を制して自公政権が復活し、安倍総裁が首相に返り咲きそうだね。民主党は惨敗するけど、三ケタの議席は守って第二党にはとどまるだろう。維新とみんなで合わせて八十議席程度まで行くから、まさに第三極だな。小沢氏と生活はとうとう、オシマイさ。

自公で衆院過半数が「直近の民意」だってなれば、衆参ねじれもヘッタクレもなく、政策は進められると思うよ。そのうえで、あとは民主党の選挙の出来栄えにもよるが、参院の過半数形成も見据えて自公が民主党をどう引っ張り込み、より幅広い政策合意を作りあげていけるかどうかだね。

民主党は解散後も離党者がボロボロ出たり、鳩山由紀夫元首相が引退表明するなどがたついている。なのに、どん底だった七月の飯島査定の数字より持ち直しているのはおかしいって？

結局、出て行った連中は民主党に残ったとしても落選濃厚なやつらばっかりだからな。生き残りたい一心で第三極にすがっている連中は、いてもいなくても同じだってことだよ。

だから、野田佳彦首相が党首討論でいきなり電撃的な解散表明に打って出たり、公認候補をマニフェスト（政権公約）でフルイにかけたりと死に物狂いでやっている「野田効果」が意外と出てきたんじゃないかな。

維新には全国的な支持の広がりは全く見られないね。小選挙区で議席獲得が有望なのは、やはり大阪府と関西圏だ。表の通り民主党の大阪勢は軒並み苦しい。

野田首相の狙いは、民主党の「量」ではなくて「質」の維持だとオレは見ている。凪で当選した小沢ガールズなんかはどうでもいいけど、政権与党の苦しみを知った中堅議員が全滅でもしようものなら、選挙後の民主党の質は向上しないんだよな。この悲劇を阻止するためにオレも「野田さん、一刻も早く解散を」と訴えてきたんだが、時既に遅しの感は否めない。

官邸の立て直しを

ちょっと気が早いけれど、「安倍首相」にこれからの日本を託せるかどうか、オレの判断基準もここで披瀝しておくか。まず第一に首相官邸を整理してきちんと機能を発揮させられるかだ。

小泉純一郎首相の時代に比べて、官邸に常駐するスタッフの人数は三十倍にも膨れ上がっている。事務担当の首相秘書官は四人から六人に増え、官房長官秘書官に至っては三倍の十二人もいるらしい。これじゃ官邸の中に霞が関の縦割り行政を持ち込んだに等しいぜ。

　安倍新首相がまずこれを切って少数精鋭の官邸に戻せるかどうかさ。それと、旧安倍政権もここで失敗したし、民主党も最後までできなかったけど、霞が関のドンと呼ばれる事務担当の官房副長官。ここにしっかりした人材を据えて官僚組織を使いこなせるか否かだ。

　民主党政権が乱立させた官邸周りの会議や審議会もいったんすべてリストラしなきゃダメだよ。行政改革だけでいくつも屋上屋を架した会議があって三百人もの事務スタッフがお茶挽いてるなんて馬鹿馬鹿しい。

　最後に前回の「チーム安倍」の失敗を忘れちゃいないと思うけど、個人的好き嫌いを超えて政策と仕事優先で政権中枢の陣立てを整えられるかどうかだな。この辺の捌きから、安倍首相の先が見えてくるはずさ。

（一二年十二月六日号）

候補者ロンダリング嘉田新党は「過去の党」!?

衆院選公示直前にまたも飛び出した新党「日本未来の党」には呆れたぜ。表看板は「卒原発」の嘉田由紀子滋賀県知事。黒幕は「担ぐミコシは軽くてパーがいい」が持論の小沢一郎氏。見え見えの小沢流じゃん。

意外に見える嘉田氏の行動原理は「橋下憎し」だな。関西広域連合で、橋下徹大阪市長とダムや原発の問題で向き合って「自分も」と対抗心を燃やしてきたはずさ。関西圏で喧嘩を売られて、橋下氏も焦ってるよな。

一方の小沢氏は民主党から集団脱党して旗揚げした政党「国民の生活が第一」ではどうあがいても埋没必至だった。自分の当選すら危うい政治生命の危機さ。

そこで嘉田流「卒原発」に目をつけた。第三極では日本維新の会の原発政策が橋下氏と石原慎太郎代表の妥協で曖昧になり、脱原発票が行き場に迷う真空状態を突いたな。

小沢氏が無役でいいからと決めゼリフの「一兵卒」を名乗って担いだミコシに嘉田氏が確信犯で乗ったわけさ。人間関係などなかった二人の打算を裏でつないだのは、小沢氏側近の達増拓也岩手県知事だったっていうストーリーだよ。

表はマドンナ嘉田、裏は「小沢新党」って手は陳腐なパターンだけど、笑ったのは党名の「未来」さ。小沢一派ばかりか、どさくさに紛れて素浪人の亀井静香氏や山田正彦氏らまでずらりと並んでいるんだからね。

ガラクタとまでは言わないけど「日本過去の党」の間違いじゃないの？　ここまで来ると政党ロンダリング、候補者ロンダリングと言われてもしょうがないんじゃないかね。

政党のトップに就きながら、国政に出ないなんてとんでもない無責任だぜ。嘉田氏は元々そのつもりだったと言うけど、せめて来年の参院選には出馬すべきだ。

おっと維新の会の橋下氏だって同じだよ。石原氏を連れてきて隠れ蓑にしたけど、代表代行でトップじゃないと称して逃げようなんて言い訳は許されない。

それにしても、今回の選挙は三年余の民主党政権の総括が第一だろ。彼らが有権者の信頼を失った理由をよく考えれば、それぞれ勝手な政策を掲げるのはいいけど、との政党に「実現力」があるかが大事なはずだよ。

次から次へ新党ができて、何の実現可能性もない党ばっかりじゃないの？　落選確実な前議員が新党の看板で浮かび上がろうってあがくだけで、討論会だってー以上も政党が出てくる始末だ。

脱原発も卒原発も、オレだってできることなら賛成したい気持ちはヤマヤマさ。だけど、冷静に将来の日本を考えると「実現なき理想」だと断ぜざるを得ないんだ。

目標は二〇三〇年代とか十年後とか脱原発勢力は威勢がいいけど、太陽光や風力などの再生可能エネルギーの開発にどんなに力を注いだところで、原発をなくす分の電力をそんなに簡単に賄えるはずがないだろ。

足りない分は石油や天然ガスの輸入を増やして火力発電に頼るしかないじゃないかとなる。これらの化石燃料を高い値段で外国から買い続ければ、年間何兆円も国富が流出していくぜ。

そうでなくても人口減少社会で日本の国際競争力が落ちていくのは必至なのに、電力確保が足を引っ張るんじゃ目も当てられない。

衆院選でどんな政権が生まれても、ねじれ国会は続くし、向こう十年間は政治が安定して推移する保証はない。有権者も将来を見据えて、どの政党が真実を語っているのか、本当の実現力を持っているのか、しっかり見極めて欲しいよな。　（一二年十二月十三日号）

安倍晋三新首相にご忠言申し上げます

政治家ってホント、嫌になっちゃうよな。自民党の衆院選大勝の流れがはっきりした途端、投票日前から安倍新政権であのポストが欲しい、これになりたいって猟官運動の一色だから。

残念ながら、今回は安倍晋三総裁の人気で大勝したわけでも何でもないんだからね。第三極の新党が乱立したけど、候補者はどっかで見た既成政党でも行き場のなかったガラクタか、素人の新顔ばかり。いわば、新党のマイナスの相乗効果さ。民主党政権には裏切られたと憤る有権者が、安倍総裁も自民党も支持しないけど行き場がなくて自民党に投票しただけ。おかげで地域政党としては唯一、着実にやってきた鈴木宗男代表の新党大地まで埋没しちゃって気の毒だよ。

安倍執行部はここを深く冷静に受け止めなくちゃダメよ。猟官運動なんかやってる場合かって。組閣人事は本当の意味で適材適所の挙党態勢でなきゃ。なのに勝ってもいない選挙中から人事情報もダダ漏れで、これじゃ前回の政権崩壊に学んだかどうか怪しいぜ。

俺も務めた政務担当の首席首相秘書官の有力候補は、前回の秘書官の一人だった某省の某官僚らしいな。黒子中の黒子なのに、これが幹事長は誰それとか勝手に辞令出しちゃってると聞く。

旧政権も「お友達内閣」と揶揄されたけど、肝に銘ずべきは内閣総理大臣は公人だってこと。安倍総裁はどうも私的な交友関係を人事に持ち込みがちだからね。逆だよ。たとえ過去に接点がなくとも、使うべき人材は使うのがプロでしょ。

官房副長官や首相補佐官に名が挙がる中堅議員は、義母が総裁の実母の安倍洋子さんと親しいんだと陰口叩かれてるよな。親の代からの腐れ縁での抜擢もね。

金融緩和のブレーンは元財務官僚の学者。安倍総裁とは河口湖の別荘仲間だそうだ。一緒にバーベキューやった友人だと胸張ってどうするの？　こんな話が流布するだけでマイナスだぜ。

開いた口が塞がらないのは、あの竹中平蔵慶大教授を日銀総裁に抜擢するという風説だよな。真偽は知らないけど、その名前が出るだけでも政権にダメージじゃないの？

維新の候補者選定委員長だっただろ。追い風が止むと、何と維新の金城湯池の大阪府で、自民党候補の選挙応援に入ったんだな。「自分は維新とは関係ない」って言ってると伝え聞くぜ。こんな政党渡り鳥学者や取り巻きが安倍ブレーンに数えられるようじゃね。

　安倍総裁がこの手のゴマスリ連中をビシッと排除できるかどうかだよ。徹底的に遠ざけて、それでも安倍政権を応援したいって言ってくる人材は本物だと初めて認定すりゃいい。それくらいの覚悟を見せなくちゃ。

　一度退陣し、再登板した首相は吉田茂以来だ。安倍総裁には体調も回復し、政権崩壊の真因だった人事やマネジメントの失敗を謙虚に検証して、堅実な手法で長期政権を目指してほしいと心から期待するんだがな。

　お友達切りとゴマスリ排除。政策展開で張り切る前に、適材適所の実りある人事をやれるかどうかで安倍新首相に真の求心力が出るか、来年夏の参院選を乗り切って長期政権を視野に入れるかが決まると思うぜ。

　次期首相に耳が痛いことばかり言うようだけど、俺は勝手連的な安倍シンパのつもり。耳触りのいい進言だけしか聞かないで、幅の狭い身内感覚の組閣人事をやっちゃったら、三年三カ月で崩壊した民主党政権と同じになると危惧するからなんだよ。それくらい一発目の人事は大事なのさ。仕事師内閣で国民の信頼回復と政策実現を期待したいね。

（一二年十二月二十七日号）

終章　政治のリーダーシップとは——永田町での四十年を振り返って

国への恩返し

私は長野県から上京し、縁あって小泉純一郎という国会議員の秘書となった。以来、四十年余、代議士秘書として永田町で生活をしてきた。

この間、内閣総理大臣首席秘書官、厚生大臣秘書官、郵政大臣秘書官を務め、衆院からは永年秘書衆議院議長表彰もいただいた。

自分としては、衆院議員秘書としてやるべきことはすべてやったという気持ちが今でもある。私の人生、秘書冥利に尽きると申し上げて過言ではないよ。

小泉事務所を辞した後、一民間人として自由に過ごしていたが、二〇一二年十二月二十五日、安倍晋三首相から直々にお話をいただき、随分と悩んだが、これが最後のご奉公と思い、内閣参与の立場でこの国にお仕えすることにした。

今度は政治家の秘書としてではなく、四十年以上も永田町・霞が関界隈で仕事をさせていただいてきた者として、首相を支え、政権を支え、微力ではあるが自分の持つ力をこの国のために使っていただきたい、そう念じてはや一年余、全力で走ってきた。この国への恩返し。それが今の私の偽らざる心境さ。

小泉内閣の五年五カ月

「チーム小泉」や「チーム飯島」という言葉があるそうだ。私が何より強調したいのは、「首相を支える秘書官と特命担当の参事官のチームワークの大切さ」だね。首相官邸にあって、首相の間近で日常的に首相を支える秘書官と参事官のチームワークこそが、小泉内閣を支える重要な柱だったと今でも思っているよ。

我がチームはお互いの情報をできる限り横で共有するように動いていた。「傍受了解」なんて合言葉もあった。たとえば、私がどこかの官僚に電話で指示していたら、その会話を聞いた他のメンバーが「傍受了解」といって、改めて説明する必要もなく、勝手に動いてた。「アイコンタクト」で瞬時に相手の意図や今何がどう動いているかを察して次の行動に移ることも当たり前のようにやっていた。組織の要諦はやはり人、そして人と人とのつながり、チームワークだ。

小泉内閣の後の歴代内閣の官邸、特に民主党政権時代の官邸が、閣僚も含めてだが一丸となって時の首相を支える体制になっていたかどうか、今思い返しても遺憾に思うことが多々あるね。せっかくの「官邸機能強化」がうまく機能しなかった面が多かったように思えて、残念だったな。

首相の条件

二〇〇一年の中央省庁再編以来、日本の行政システムは「官邸主導」へと大きく変化した。これは何も、小泉純一郎がそういう政治スタイルだったからじゃない。そもそも、国の行政組織の仕組みそのものが、官邸主導、官邸に意思決定権限が集中するような仕掛けに変わった。ここをしっかり押さえておかなくちゃいけない。

さらに、そのような行政改革が行われた背景には、内政、外交、経済、あらゆる面で日本が置かれている厳しい現実を前に、この国のかじ取りには明確な理念を持つ強いリーダーシップが必要になった。というか、そのような人材でなければ、首相は務まらなくなった、という事情がある。

つまり、今や明確な理念と強い指導力を持つトップリーダーでなければ、この国の首相職はとても務まらない、そういう時代がやってきたという話なのさ。

リーダーシップとは何か。私はかつての著書『代議士秘書』でこのような内容を書いた。

「リーダーシップなきところに国民の信頼はない。トップが判断し、その判断に責任を持つ。決してぶれない。だから部下は安んじてその判断に沿って全力で動く。そこに信頼が生まれ、信頼が組織を活性化させ、国民のためによい成果を生む。これもまた政治家の重要な資質である」

リーダーには「権力」の持つ怖さを知ることが不可欠だ。政治の力は大きいからね。国民の生殺与奪を握っているし、政治家が国のかじ取りを誤れば、本当に国は破滅の危機に瀕してしまうこともあるわけだから。

小泉官邸時代、官邸勤めの長いある女性職員からこう言われたことがあった。

「飯島秘書官、首相は日本で一番偉い人ですから、やりたいと思えば何でもできるんです。そうなんですよ。どこそこに行きたい、何をしたい、これをこうしたい。何でもできます。でも、だからこそ、首相にはやってはいけないこともたくさんあるのです。どうかそのことを肝に銘じて首相を支えて下さい」

小泉は「一度決めたら判断を変えない」ことで有名だった。確かにその通りだけど、判断する前に小泉は実に多くの人の意見を聞いた。自分の考えと異なる人の意見でも、決して話を遮ることなく耳を傾けていたものさ。

たくさんの人の話を聞き、その上で決断すべき時にきちんと自分の責任で判断する。判断した以上はぶれない。その判断にすべての責任を持つ。これが正しいリーダーの姿だ、と私は今でも思っているよ。

多様な民意を受け止める政治

安倍自民党が政権を奪還してから、もう一年が過ぎた。一九九〇年代以降、「政権交代を可能にする政治の実現」を目指して、小選挙区制の導入や政党助成金制度の創設など、この国は多くの「政治改革」を進めてきたことはご承知の通りさ。

「政治改革」が目指したものは何だったのだろうか。二大政党制の実現ということが政治の安定と政権交代を可能にする政治の枠組みとして、暗黙の前提になっていたように思うね。

民主党はそのような意味で政権交代の受け皿になることを目指し、小沢一郎党首の自由党と「民由合併」を進め、実際に政権交代を実現させたけど、結果的には三年三カ月で政権から滑り落ちていったわけだ。

民主党の失敗の原因は、自らの政権担当能力の決定的欠如にあった。未成熟な組織と、リーダーの政治的未熟による指導力のなさだね。

それは明白だけど、私に言わせれば、そもそも「政権交代」それ自体を自己目的化してしまい、政策理念や党綱領についての議論がないままに数合わせの受け皿政党作りに走ったことが、根本的な間違いだったのよ。

国民の価値観は多様化しているよね。九〇年代の政治改革、すなわち小選挙区を基本とする選挙制度によって実現を目指した二大政党制という考え方そのものが、もはや現実的ではなくなっているんじゃないのかな。

多様な価値観、多様な民意が錯綜する中で、かつての保守対革新のように、民意を二大政党に収斂《しゅうれん》させるのは難しい。国民の支持を広げるために政党自身が多様な民意を内包して多元化するのか、二大政党の枠組み自体が崩壊・分裂して多党化の道を歩むのかのどちらかにならざるをえないだろう。

今や、二大政党制の発祥の地である英国でも、多党化の傾向は明らかだ。アメリカの民主、共和の二大政党も、一方で共和党のティーパーティのような過激な党内集団が生まれ、他方で様々なレベルで両党の政策は相対化・流動化してきているだろ。教科書にあるような二大政党制の国はもはや存在しないといっていいんじゃないの。

時代の流れは多党化だよ。単独で内政、外交、経済、社会保障などの広汎な政策の万般にわたって国民の過半の支持を得られるような政党はもはや登場しないな。

すなわち、安定的な政権の枠組みは、おそらくは連立政権以外にないね。

同時に、国論を二分するような重大案件や国民相互の利害が対立する案件、直近の民意に反してでも国益のために決断しなければならない案件が山積している今日の状況においては、連立政権は単なる数合わせの野合では機能しないって事だな。

繰り返すけど、政権交代それ自体が自己目的化した民主党は一種の野合集団だった。だから内部対立に悩まされ、大きな決定、困難な決断のたびに造反者、離党者が続出して大分裂していったわけよ。基本政策の政党間合意に基づいた連立政権でない限り、安定的な政治体制を実現することはできないんだ。

二〇二〇年を見据えた諸改革

私なりに安倍政権が今年以降、東京オリンピックを開催する二〇二〇年を見据えて取り組むべき政治課題をいくつか指摘しておくよ。

目先の諸課題も重要だけど、日本が抱える諸問題はちょうど二〇二〇年頃に一気に顕在化してくるんだ。これは与謝野馨元経済財政担当相が一貫して訴えてこられたことでもあるがね。

人口減少による成長の停滞、エネルギー問題、国際競争力の低下、財政危機など、これらの課題はいずれも「構造問題」、つまり問題が顕在化したときになってから、対症療法的に対応しても解決のしようのない大きな課題ばかりさ。

今からしっかりした展望を持って、英知を結集して問題解決に取り組まなければいけない。そのために与謝野さんは若手の学者や官僚達、つまりは十年後の日本を支えていく世代から有為の人材を募り、腰を据えて取り組んでいくことのできる会議体「委員会2020」を、政治の現場から距離を置いたところに設置することを提言されているよね。大平正芳元首相も学者を集めて、田園都市構想、環太平洋連帯構想など様々なビジョンを練ったけど、いわば二十一世紀版の大平研究会だね。

とは言え、時代は大平内閣の頃よりはるかに厳しく、選択肢も限られている。向こう十年間の政治も安定的に推移する保証などない。かつての自民党長期政権とは全く違うから、時々の政権の浮沈に左右されない会議体にすることが大事なんじゃないかな。

政策遂行の組み立て

物事には「歳時記」ってものがあるよな。今できること、半年でできること、数年かかること、十年以上のスパンで考えること……。

時の政権の立場からすれば、まずはまさにいま、首相が決断すればできること。次に今年中、直近の国会中か、次の予算編成までにできること。三つ目に、今の衆院の任期中、二～三年内にできること。さらには次期衆院選を勝ち抜き、再選されてできること。その先には、自分の任期中にはできないだろうが、後戻りできないような道筋をつけ、後継者に後事を託して実現を目指すこと。

これらの五層構造くらいで「歳時記感覚」「カレンダー感覚」、換言すれば「事の軽重」をわきまえておかないと、政権運営が早晩、行き詰まっちゃうものなのさ。言うまでもなく、それぞれが組み立て方、段取り、手順が全然違ってくる。政治家として命運を懸けた理想を成し遂げるためには、その前段階で色々やっておくべき事もあるしね。いわば「大事の前の小事」ってやつよ。そういう発想も欠かせない。

物事ってやつはすべて連関しているからね。それこそ政治家としての生命を懸けてやりたい大目標があるのなら、それを実現するために足元で何を片付けておくか、今どんな仕掛け、仕込みをして来たるべき時に臨むのか、といった時系列の戦略も考えなければならない。

「やりたいこと」と「できること」の区別もつけられないで、できもしないことを振り回し、あれもやりたいこれもやりたいと組み立てもなく手当たり次第にお店を広げていては、結局はできるはずのこともできないでおわるわけよ。いきなり「普天間移設は最低でも沖縄県外」とやった民主党政権のようにね。戦略と戦術、戦争と戦闘は峻別しなきゃダメなのさ。

官僚組織を「生かして使う」

政治は一人でするものじゃない。いかに強い指導力と揺るぎない信念を持つリーダーでも、一人でできることには限りがある。リーダーを支え、常にその意を体してリーダーの決断・意思を現実のものにしていくサポートチームが必要だよ。

小泉は官僚組織には非常に厳しかったね。組織の自己保身や組織利害を優先させるような行動は決して許さなかった。行財政改革、規制改革は小泉内閣時代に最も進んだことは皆さん、ご承知の通りだから。

しかしながら、小泉のように官僚組織に厳しいって事と、官僚組織を壊したり、官僚性悪説に立って「役人が政治を籠絡している」とか「官僚専制政治だ」とか言ってみたり、何か問題が起きたり、うまく行かないことがあるとすぐ役人のせいにして政治家が官僚バッシングに走る、という最近の傾向は全く違う。後者はお門違いも甚だしいな。

民主党政権がその典型だったけど、何やら「官僚を批判することが政治のリーダーシップ」だと勘違いしているんじゃないかとさえ思える風潮が政治家の間で蔓延している。これは大きな間違いだと言っておくぜ。

国民にとっては「まつりごとをつかさどるひと」という意味で、政治家も役人も同じ「お上」だ。難しく言えば、立法府と行政府、これはともに等しく国民に奉仕する国の組織だよね。

なのに両者がいがみ合い、相手を批判ばかりしていては、迷惑するのは国民さ。官僚組織は「道具」であり、政治家はこれを正しく使って国民にとって最良の結果を生むように、国を運営する、そういう体制にならなきゃダメなんだ。

不心得者の役人も確かにいるよ。かつての社会保険庁のように、組織全体が制度疲労を起こして機能不全になってしまうケースもあった。だからといってただぶっ壊せばいいいってもんじゃない。組織としての官僚をいかに使いこなし、やる気のある組織をどうやって創っていくか。それこそが「国民の選良」である政治家の責任であり、力量なんじゃないかな。

ただただ、役人を批判して仕事をしたような気になっている政治家は、自分の無能を告白しているようなものさ。壊したら、造る。破壊の上に創造する。壊すだけ、壊し続けるだけじゃ本当にこの国の行政は壊れてしまうよ。

官僚組織は巨大なスーパーコンピューターのようなものとたとえることもできる。使う側の力量でものすごい力も発揮するし、機能不全に陥ることもある。気に入らないからと言ってあっちこっち壊していては本当に全体が機能しなくなってしまうぜ。

公益心のない役人、能力に欠ける役人を「官僚ＯＢだから」というだけの理由でポストに就けるのを許してはいけない。だから、小泉も「特殊法人の理事長＝官僚ＯＢの指定ポスト」みたいな人事はダメだと言って認めなかったでしょ。

しかし、役人といえども人間さ。やる気を持たせ、努力する者に報いなければ、結局は国民が不利益を被ることになるよ。優秀な人材であれば、どんどん積極的に使うべきだよ。官僚ＯＢだからダメだとレッテルを張り、色々な職から排除するのも逆に国家の大きな損失さ。そういう舵さばきができて初めて、本当の意味で官僚組織を使いこなし、最大限の能力を引きだして仕事をさせることができるのよ。

あれだけ役人を厳しく処した小泉に官僚組織はきちんとついていったし、信頼を寄せてきちんと言うことを聞いただろ。なぜなのか。そこをよく考えて欲しいよね。意味のない官僚いじめ、官僚批判は何も生まないよ。

公務員制度改革を考える

いま、国家公務員制度改革の議論がかまびすしい。しかし、「幹部人事の一元管理」「優秀な人材の登用」「能力主義」などと言葉が踊ってみても、そんな話は組織や人事管理を変えれば実現できるっていう世界じゃないよ。

民間企業も同じでしょ。組織をいじって物事がうまく行くためしはない。要は「使う側の問題」だからさ。

官僚組織を生かすも殺すも、使う政治家の力量、度量次第なんだから。安倍政権を見ていると、「政治主導」の意味をはき違え、役人の使い方を知らない政治家が民主党ばかりではなく、自民党にもいないわけじゃないな。

役人みたいに細かい政策・制度を議論して、役人をやり込めたり、細かい運用の話をあげつらって、それが「政策通」「国民の立場に立った政治」「国民目線の政治」だと勘違いしている政治家が多いけど、とんでもない心得違いさ。

そもそも役人と政治家はやるべきことの次元が違う。役人と同じレベルで同じ議論をしたいのなら、役人になりゃいい。

政治家の仕事は、決断することと、決断に責任を持つことさ。政治家の決断を支え、実現するのが役人の仕事。理念と哲学を語り、国民を導くのが政治家であり、国民におもねるのが政治家じゃないのよ。

かみ砕いて言うとさ、政治家の仕事は、官僚に「目標」を示すことだよ。「何をしなければいけないか」「どういうゴールを目指して仕事をするのか」を示すのさ。目標を実現するためにどうするのが一番いいか、どのやり方なら国民が理解してくれるのか。そんなレベルの話なら役人の方がよほど詳しいよね。だから、やらせればいい。「ちゃんと結果出して持ってこい」。これでいいんだ。官僚組織とは使いこなすもの、それはこういう意味だよ。

そういう基本的なことがだよ、今回の公務員制度改革では一切議論されていない。ただ単に組織をいじり、人事をいじり、「優秀な人材を登用する」「年功序列はやめる」「天下りはけしからんから止めさせる」などと力んでみても、ちっともまつりごとは良くならない。

物事がうまく行かないことを役人のせいにしてはならないのさ。役人をちゃんと動かせないこと、そのこと自体が政治の責任ではないのかな。

公務員の「雇い主」は国民

官僚は国民に奉仕すべき存在だ。ということは、国民が官僚の「雇い主」、使用者だって事になる。政治家は国民の代表。言ってみれば、政治家も「雇い主」だと言っていいだろうね。

人をたくさん使ったことがある経営者ならすぐ分かる話だけど、もし使用人にいい仕事をさせようと思ったらどうするか。無論、甘やかしてはダメだし、無断欠勤を繰り返すような社員ならクビだよ。使い込みなんかやったらもってのほか。即刻解雇だね。

だけど、優秀な人材を雇おうと思ったら、それなりの労働条件を提示しなければいい人材は来やしない。給料をケチればやめるか、勤労意欲をなくしてさぼるか、ひょっとしたらライバル企業に情報を売り込みに行くかも知れないよね。

給与で配慮するか、昇進させるか、思い切りほめてやる気を出させるか、とにかく「オレの会社のために働くのは当たり前だ」と怒鳴っているだけでは人は働かないよ。

昨今の公務員制度改革の議論を聞くにつけ、優秀な人間は役人になるなって言っているようなものじゃないかな。きちんと評価してあげなければ、いい人材など集まらない。役人たたきも結構だけど、どうやって官僚を働かせるか、いい仕事をさせるか、そこを考えないと、本当にダメな人間しか官僚組織に残らないぜ。どこの組織でも同じこと。大事なのは人事と待遇、労働条件だよ。こんなの当たり前の話なんだけどね。

公務員制度改革で皆目分からないのは「優秀な人材」「実績・実力主義」とか言いながら、実際にどんな基準で役人を評価するのか、何も示されていないって事だ。

会社の人事担当者に聞いてみなよ。人の能力を評価するくらい難しいことはないんだから。仕事の能力なんていうものは、実際にその人を使った人、あるいは仕えた人でない限り、分かるわけがない。だから、どんな組織だって、人事評価の基本は直属の上司、あるいは部下の評価から始まるものさ。

それをだよ、内閣官房に「内閣人事局」をこしらえて、どこか中央の上の方で、役人の顔と名前も一致させられないような政治家と、そんな政治家が連れてきた「有識者」かなんかが集まって、一元的に幹部人事を管理するとかいうわけでしょ。

そんなことできるわけないじゃん。その人にどんな能力があり、どの仕事が向いていて、局長としての力量があるのか、次官になれる人材なのか、分かりっこないぜ。

結局、どうなるかと言えば、よくてアメリカみたいになるか、悪ければどっかの途上国みたいになるだけだな。政治家の情実人事だよ。「政治主導」とか「政治任用」って言葉は美しいけれど、要するに政治家の言うことをきくやつを幹部に据えるというだけの話じゃないの?

もちろん、ポストによっては、「政治任用」が必要な部分もある。それこそ国家戦略本部とか、官邸スタッフとかは政治家＝政権与党と運命を共にしてもらわなければならない。そういう部局はそれでもいいさ。

だけどね、各省の幹部、事務次官や局長と言えども、役人は「事務方」なのよ。法令に従い、決められたことをきちんとこなすのが仕事だからね。政権が交代するたびに、幹部職員を総入れ替えするみたいな話になっていくと、行政がおかしくなっちゃうぜ。

だから、国家公務員法には「公務員の政治的中立」ということが明記されているのさ。

こういう人たちは、時の与党や与党の支持者のために働くということはあってはならないよ。「全体の奉仕者」というのはそういう意味なんだからね。これまたこういう基本中の基本が全く分からないまま議論されているのがいまの「改革」だよ。こんなことやったら行政がめちゃくちゃになりかねない。

飯島流の公務員改革とは？

ただ一点だけ、やり方次第ではこの先、こういうふうにしたらいいいんじゃないかって私なりに考えている「改革」もあるよ。

それは、一定クラスから上の官僚は、所属を各省から外して、内閣（内閣官房）に移してしまうというやり方さ。

分かりやすく言おう。役所にはそれぞれ、専門領域というものがある。組織がちゃんと機能するためには、その専門領域を担当する部局は責任を持って自分の領分の仕事をしてもらわなくてはいけないよね。

ここはむしろ各省縦割りじゃないとダメなわけで、プロはプロに徹して自分の分野を極めてもらわないといけない。これは各省の中をのぞいてみても同じだね。局は局、課は課で、自分の責任を全うしてもらわないといけない。

ちなみに中央官庁では、ノンキャリアの人事というのは局単位で行われているってことは知っているかな。全省的な視点で仕事をするのはキャリアで、彼らは省内全体を人事異動で経験する。ちょうど、この省内のキャリアとノンキャリアの関係性を、内閣全体に広げて仕組んでみてはどうか、というのが私の提案さ。

キャリア官僚は人事で一定レベルまで昇進したら、各省の立場を超えて、内閣全体を見渡す視点から仕事をする人間が必要になってくるよね。

彼らには各省を統率し、首相や内閣を支えて、省を超えた立場で仕事をすることが必要さ。当然、官僚の中でも優秀な人間でなければ、そういう芸当はできない。官僚組織の仕事がどういうものかが分かっている人材でなければ、そういう仕事はこなせない。

だから、いわば各省から選抜して、優秀な人材を内閣に登用するのさ。それを制度的組織的に行う、という意味で、公務員制度改革を規定するのであれば、これは意味が出てくるんじゃないか。

小泉内閣でも若手課長クラスを内閣参事官に発令して「特命チーム」を結成した話は前にも書いたけど、官邸スタッフとして私が各省から人材を選りすぐった。彼らは任務を果たして各省に戻った後も、枢要なポストに就いているよ。再度、官邸に登用されている者もいるからね。

ただ、こういう仕組みも使い方なんだよな。単に自分の言うことを聞く、都合のいい人材を各省から引っ張り上げて政治家が使う、というようなことじゃ全く意味がないよ。

それは単なる政治家の情実人事になっちゃうし、官僚という国家の人的資源を私的に使う、つまりはまつりごとを私する、そういう話でしかない。

結局は上に立つ者、政治家の識見と指導力が問われている、そういうことさ。

飯島　勲（いいじま　いさお）

1945（昭和20）年長野県辰野町生まれ。72年衆議院選挙に初当選した小泉純一郎の秘書となる。竹下内閣、宇野内閣で厚生大臣秘書官、宮澤内閣で郵政大臣秘書官、第二次橋本内閣で厚生大臣秘書官。小泉内閣で首席首相秘書官。元自由民主党秘書会副会長。永年秘書衆議院議長表彰、永年公務員内閣総理大臣表彰を受ける。2013（平成25）年より安倍内閣の官房参与。現在、松本歯科大学特命教授、日本経済団体連合会「21世紀政策研究所」顧問。主な著書に『小泉官邸秘録』『実録小泉外交』（ともに日本経済新聞出版社）など。

文春新書

928

政治《せいじ》の急所《きゅうしよ》

2014年(平成26年)1月20日　第1刷発行

著　者　飯島　勲
発行者　飯窪成幸
発行所　株式会社 文藝春秋

〒102-8008　東京都千代田区紀尾井町3-23
電話（03）3265-1211（代表）

印刷所　理想社
付物印刷　大日本印刷
製本所　大口製本

定価はカバーに表示してあります。
万一、落丁・乱丁の場合は小社製作部宛お送り下さい。
送料小社負担でお取替え致します。

ISBN978-4-16-660928-4

◆政治の世界

日本国憲法を考える　西　修
田中角栄失脚　塩田　潮
拒否できない日本　関岡英之
憲法の常識 常識の憲法　百地　章
CIA 失敗の研究　落合浩太郎
日本のインテリジェンス機関　大森義夫
ジャパン・ハンド　春原　剛
女子の本懐　小池百合子
政治家失格　田﨑史郎
世襲議員のからくり　上杉　隆
民主党が日本経済を破壊する　与謝野馨
司馬遼太郎 リーダーの条件　半藤一利・磯田道史 鴨下信一他
鳩山一族 その金脈と血脈　佐野眞一
日本人へ リーダー篇　塩野七生
日本人へ 国家と歴史篇　塩野七生
日本人へ 危機からの脱出篇　塩野七生

小沢一郎 50の謎を解く　後藤謙次
財務官僚の出世と人事　岸　宣仁
ここがおかしい、外国人参政権　井上　薫
公共事業が日本を救う　藤井　聡
実録 政治vs.特捜検察　塩野谷晶
テレビは総理を殺したか　菊池正史
日米同盟vs.中国・北朝鮮　リチャード・L・アーミテージ ジョセフ・S・ナイJr. 春原　剛
体験ルポ 国会議員に立候補する　若林亜紀
決断できない日本　ケビン・メア
体制維新――大阪都　橋下　徹 堺屋太一
自滅するアメリカ帝国　伊藤　貫
郵政崩壊とTPP　東谷　暁
独裁者プーチン　名越健郎
政治の修羅場　鈴木宗男
日本破滅論　藤井　聡 中野剛志
特捜検察は誰を逮捕したいか　大島真生
地方維新vs.土着権力　八幡和郎
「維新」する覚悟　堺屋太一

新しい国へ　安倍晋三
アベノミクス大論争　文藝春秋編
国会改造論　小堀眞裕
小泉進次郎の闘う言葉　常井健一
憲法改正の論点　西　修

(2013. 11) D